地球に生きる
私たちにできること

諦めないこと・一歩前に出ること・いつも笑っていること

ムラキ テルミ　　木村 秋則
Terumi Muraki　　Akinori Kimura

KKロングセラーズ

はじめに
―― 私たちは自分の本質に気づくだけでいい

「たいしたたまげだ～。私のりんごね、波動が高いの。測る機械の針をさ、振り切ってしまうんだ。私のりんご畑の土だ」

「りんごの樹の根っこもさ、二〇メートルは伸ばしてるんだよ。二〇メートルもだよ」

「私のりんご畑の土もさ、見えないけんども、微生物の数が、いっぱいでさ、土の温度も高いのよ。りんごも土も生きてるんだ」

「波動ってさ、生命エネルギーのことだもんな」

弘前大学から届く、木村秋則さんのりんごの研究データを見ながら、なぜ、木村秋則さんのりんごが、腐らないのか？ 研究結果の説明を伺いました。

3

「波動が高いことは、生命エネルギーが高いこと!」
新しいキーワードをいただきました。

一昨年、水素研究所から「高波動水」をいただき、ものの一五分で体から疲れが流れ出る体験をしました。
「高波動は、低波動より優先する!」
これは、宇宙の真理です。
疲れや病は、波動の落ちた状態です。私の体の中に「高波動水」が入り、体内の水分が高波動に転写されたために、一度トイレに行っただけで、疲れが消えてしまったのです。
「波動」とは?
地球上の全ての生物、植物、そして山、川、海、土、鉱物ほか、人間が作り出した建築物、飛行機、車……今、座っている椅子やデスク

4

はじめに

に至るまで「波動」の現れ！「波動」の表現物です。もちろん私たち人間もです。

周波数の違いで、姿、形、色などが違って見えているだけ。

「波動」エネルギーそのものが、宇宙全ての現象を起こしている！

目で見えるもの、見えないものを含めての全てです。

私たち人間の五感も全て「波動」の現れです。

全てが周波数を持っています。

「波動」の根源となる振動波を持つ「アトム」（原子）の構造は、楕円立体形をしていて、その中でスパイラルに回転しているのが「陽子」。この「陽子」六つが花びらのように、集まって成り立っているのが「中性子」です。

電子は花びらの中心を、ものすごいスピードでスパイラル運動して

5

います。

この「アトム」（原子）が、自然界、宇宙の存在物の調和をとる振動数を受発信しています。

人体の中で「波動」を司る司令塔は、「膵臓」です。振動波を受信、発信しています。

そして、驚くことに、
「中性子」が「意識」
「陽子」が「意志」
を、持っているのです。
さらに驚くことに、
「中性子」には「意識」があって常に「調和」を取り続ける。
「陽子」は「意志」であると同時に、自然の法則の「愛」そのもの！
「陽子」は「愛」そのものである強い「意志」を持っているのです。

はじめに

「中性子」＝「意識」＝「調和」

「陽子」＝「意志」＝「愛」

もう全身に鳥肌が立ちました。

私たちの体は、六〇兆個の細胞の一つ一つの「アトム」が、「意識」と「調和」、「意志」と「愛」を結びつけて構成されている。

即ち、「愛」と「調和」が、全ての存在物の源となっているのです。

これは地球上でいう全ての存在物です。

私たちは「愛」と「調和」のエネルギー体なのです。

私たちの体って、なんて美しい！

まだまだ驚きは続きます。

私たちの体の、固体と水分の割り合いは、地球の陸と海の割り合いと、共鳴し合い、同じ比率です。

地球が温暖化へと向かい、何億年モノの氷河が溶け、海の割り合いが増えると、私たちの体は、水分量が増えてムクミます。

私たちの体内の血液塩分濃度は、海水塩分濃度と共鳴しており、ほぼ同じ濃度を保っています。

そして、私たちの体を組成する細胞の数と、この地球上の人口の数は、ほぼ等しく、六〇兆！　です。

なぜ一緒なのでしょうか？

私たちの一つ一つの細胞が、この地球上の一人一人とリンクし共鳴しているからです。

だから、私たちは、全て繋がっている！

私が今、「あ〜、私の体は、愛と調和で出来ているなんて！　美しい」と気づいたとします。そうすると、私の体内六〇兆個の細胞が、

8

はじめに

本来の姿である「愛」と「調和」へと、チューニングをはじめます。

それだけでなく、あなたの体の中にいる、六〇兆分の一個の細胞である私が「愛」と「調和」へと向かうのです。そう、この地球上に存在する六〇兆人の全員の、六〇兆分の一個の私が、愛と調和を選択しはじめるのです。

こんなに傷んでしまった地球に、何も出来ることがない……だなんて諦めては、いけない。自分が「愛」と「調和」のエネルギー体であることに気づくだけでいいのです。

「あなた」が気づき、常に「愛」と「調和」のとれた行動と言動を選択することで、この地球上に存在する六〇兆人の中に存在する「あなた」が、「愛」と「調和」を選択します。

〜私たちは、一つに繋がっている〜　聞き慣れた、何だか気持ちが

悪かったこのワードが、光りを持ち、輝きはじめました。間違いなく、私たちは繋がっています。

私たちの本質は「愛」と「調和」です。

究極的に「愛」と「調和」の取れている状態⇨私たちの存在が「愛」と「調和」そのものになること！

これが私たちの本質であり、この地球に生きる目的です。

そして、木村秋則さんの育てられた「りんご」は、「愛」と「調和」の取れた、この世で最も美しい波動を持つ、まさに「奇跡のりんご」です。

二〇一六年一月

ムラキ　テルミ

目次

はじめに——私たちは自分の本質に気づくだけでいい 3

プロローグ

前世から繋がっていた？ 私たち 17
UFOに二回乗船した木村さん、中学の時UFOと遭遇した私 19
ヒプノ・セラピーでわかった前世からきている私の精神的疾患 21
私の前世は屋敷に火を投げられ焼け死んだ江戸中期の堺の悪徳商人 23
第二幕では魔女狩りで捕えられ、火炙りの刑に処せられる 25
幕末にアメリカへあこがれ、渡航中に船が難破して溺死 26
アメリカ人に生まれ原子爆弾を研究、広島、長崎の投下に耐えられず首を吊って自殺 27

私たちの魂は「愛」のエネルギーに成長することを目的に学んでいる

人間同士だけでなく、動物とも不思議なご縁が 29

私たちは「愛」と「調和」のエネルギー体になるべく道が用意されている 31

34

1 人の一生は、操り人形のようなもの

わたし（木村秋則） 40

私（ムラキ テルミ） 47

2 目の前にあった「死」

ロープを抱えて岩木山に登りました（木村秋則） 54

肝臓ガン余命宣告「まあ、もって半年……」（ムラキ テルミ） 60

3 宇宙の流れ

全部が必然（木村秋則） 70

何かの力で（ムラキ テルミ） 78

4 行動しないで後悔するよりも

失敗して反省した方が良い（木村秋則） 88

結果が出るまで信じて継続する（ムラキ テルミ） 93

5 奇跡は起きる

自然が起こすこと（木村秋則） 106

自然に起こること（ムラキ テルミ） 114

6 次元が移動する

生命が息を吹き返す（木村秋則） 124

「ゼロ」の状態が幸せの極致（ムラキ テルミ） 129

7 「過去」も「現在」も「未来」も同時に存在している

波長が合うと見える（木村秋則） 138

「時間」は未来から流れてる（ムラキ テルミ） 145

8 自然って美しい

「不自然」に気づいたら自然に戻す（木村秋則） 150

「土」に還る（ムラキ テルミ） 154

9 一番大切なものは、目に見えない

「心」が自分の体を動かしている（木村秋則） 160

「不確かであることが常」と受け入れる（ムラキ テルミ） 167

10 人間だって自然の一部

心が変われば地球が変わる（木村秋則） 174

「一日一食」断食は体も地球も救う道（ムラキ テルミ） 177

11 地球の掃除

わたしたちには今すぐにできることがある（木村秋則） 188

ガンが消える体内の神秘力（ムラキ テルミ） 196

12 あなたの使命は

誰かのために「命」を「使」う（木村秋則） 204

自分が存在しているだけでいい（ムラキ テルミ） 207

おわりに──お互いに優しくないとな 213

プロローグ

前世から繋がっていた？ 私たち

「私、前世で木村秋則さんの用心棒だったんですよ。島左近！」

石田三成の参謀で、関ヶ原の戦いで破れたあと、浪人しててさ、木村さんは京都の宮様で、拾ってもらってさ、木村さんの用心棒してたんだ！」

「木村さんの家族の魂は、全員、お公家さんだから、一〇年間、収入がなくても耐えられたんだそうだ。家族全員がさ、お金を触ったことないからさ、執着しないの」

「島左近の墓参りして、腰抜かしそうになった〜。ウチの息子の嫁さ

んの菩提寺だったんですよ〜」
目をキラキラさせて、弘前の『レストラン山崎』山崎シェフが、一気に話して下さいました。山崎シェフは、今も、木村秋則さんの用心棒っぽい！
どんどん有名になっていく木村秋則さんに、悪いヤツが寄って来ないように、見張っているようです。
私は、山崎シェフのご紹介で、木村秋則さんと出会いました。
「すごいりんごがあるんですよ〜」と。
ひょんなことから、岐阜の霊能者の所へ、私は木村秋則さんと山崎シェフと一緒に行くことになりました。
木村秋則さんと私は、共にシリウス星から来ている魂だとか!?
守護霊が来世から来ている！
木村秋則さんと山崎シェフの前世繋がり話の糸口も、この霊能者の

プロローグ

方からはじまりました。

山崎シェフが、宮様の木村さんの用心棒だったと……。

その後、弘前まで木村さんを尋ねて来た別の霊能者の口から、島左近の名前があがりました。

ということは、さしづめ、木村秋則さんは、清華家菊亭晴季あたり?

前世探訪って、すごく楽しいですよね。それが教科書に出てくる人物だったなんていわれると、シビれます。

UFOに二回乗船した木村さん、中学の時UFOと遭遇した私

前世を信じますか?

私は信じます。

理由は、自分の体のどこかに、前世の記憶がレコードされているこ

とを、体験したからです。

二五年ほど前、勤務先の商社で、米国担当をしていました。年に四回は、ニューヨーク、ロスアンジェルス、シカゴの出張に出る機会に恵まれました。

ニューヨーク現地の担当者が、中国をバックグランドに持つアラン。アランは、スーパーナチュラル（超自然学）の学位を持つ不思議大好きな二〇代の男性でした。

私は中学生の時、塾の帰り道でUFOと遭遇する体験を持つことで、当時、東工大の「UFO研」に、ゲスト会員として招かれ、大学生たちと、ジョージ・アダムスキーやスウェーデンボルグに夢中でした。

私は、UFO目撃経験だけですが、木村秋則さんは、乗船されています。

二回も！ スゴイ!!

プロローグ

このUFO好きが、アランとの距離を、グッと縮め、お互いに情報交換するようになりました。アランから、ヒプノ・セラピーという聞き慣れない退行催眠療法を受けよう！と強く誘われ、マイアミ医学大学精神科学教室にヒプノ・セラピーをエントリーしました。

待つこと半年。

受けたブライアン・ワイス博士のヒプノ・セラピーは、強烈でした。自分の持つ、精神的疾患を、催眠術をかけて、その原因まで時間を逆行させ、原因を理解することで、癒してしまうのです。

ヒプノ・セラピーでわかった前世からきている私の精神的疾患

私の精神的疾患は
- 火が怖い
- 水が怖い

21

- 吊り下がるのが怖い
- 電化製品のスイッチを入れるのが怖い

でした。どうにも説明のし難い恐怖を抱えていました。

- 火が怖いは、煖炉、キャンプファイヤー、ガスの火、ロウソクの火も、恐怖そのもの。
- 水が怖いは、お風呂もドキドキし、プールには浸かることも出来ない。
- 吊り下がるのが怖いは、当時、白神山地へ年二回、沢登りへ出掛けていましたが、鎖場で、宙吊りになってしまう……手が鎖から放せないのです。電車の吊り革も大嫌いでした。
- 電化製品のスイッチが怖いのは、電化製品そのものが嫌いで、スイッチを押すことが、理由もなく苦手でした。

マイアミ滞在一週間の、ヒプノ・セラピー退行催眠中に、私は自分

プロローグ

の前世を、断片だけを加えると、六つの前世トリップ体験をし、思い出しました。

しかも、このヒプノ・セラピーは、誰かに「あなたは、○○でしたヨ」と言われるのではなく、3Dで、自分がその前世に実際存在し、熱いも苦しいも、楽しいも悲しいも、実にリアルに体験するものでした。

私の前世は屋敷に火を投げられ焼け死んだ江戸中期の堺の悪徳商人

「火が怖い……」のヒプノ・セラピーで逆行した前世は、江戸中期の堺。

私は、悪徳お茶道具商人でした。今でいう、フィリピンや韓国から、タダ同然の器を船主から仕入れて、立派な桐箱に入れ、繻子の布に包み、大層な釣り書きを添えて全国の大名に、高く売りつけ、大繁盛していました。

23

現世でもせっせと、お茶の稽古に通っていたので、前世には、きっと、どこかのお武家のお茶人だったのでは？　なんて前世のキャスティングに理想を膨らませていましたのに、悪徳お茶道具商人だったとは……。

いや、大手商社で闘い抜く商人魂は、この頃から養われていたのです。ある意味、前世の遺産です。

この商人時代のお終いがとても残念で、大阪の飢饉の年に、自宅に蔵をいくつも構え、食糧もふんだんに貯えがあるのに、飢える人々に何の施しもしなかったために、屋敷に火を投げられ、火事の中、火柱を飲み、体の内も外も焼けながら死んでいます。

熱くて苦しくて……こんな死に目に遭いながら、最後の思いは「全部、自分のものなのに」です。「愛」と「調和」の対極。

こりゃ、魂の修行が永遠に続きそうです。

プロローグ

第二幕では魔女狩りで捕えられ、火炙りの刑に処せられる

「火が怖い……」には、第二幕もありました。

時は、一七世紀。舞台は、スペイン。

魔女狩りで捕えられ、火炙りの刑に処されているシーンです。石を投げられ、両手を縄で縛られ、吊り下げられ、足元から火柱が立ち……これまた体の内も外も焼かれながら死んでいます。

そりゃ、火が怖くて当たり前。ぶら下がることも嫌いなハズです。

前世の記憶は、現世にも印が現れるようです。私は赤ちゃんの頃から、左手首に、まっ赤なアザがあります。この火炙りの刑の時、右手側の縄が先に焼け落ち、左手だけ吊られたまま焼け死んでいます。

このアザの原因が判明してから、赤いアザは、薄いベージュになり、小さくなったのです！　驚きです。

25

魔女時代の死に際の思いは、「もう魔法なんてコリゴリ！　キリスト教に限る」でした。

現世では夢が叶い、スパニッシュ系のカソリックの学校で教育を受けています。

幕末にアメリカへあこがれ、渡航中に船が難破して溺死

次の前世体験も学び深いものでした。

時は、幕末。舞台は、下田です。

黒船来航で賑う町で、浪人というキャスティングです。

地元は、石川県七尾。七尾城主畠山家の七男として生まれます。七男なので、自由がきき、お城を飛び出して、黒船見たさで、下田へ。

さらに、下田を後にして、横浜へ移ります。運よくイギリス人のパトロンを得て、マジソン商会なる輸出入の会社を設立します。このマ

プロローグ

ジソン商会は、教科書にも出てきます。
日本の生糸や金を、海外へ売り、中国の薬草などを、国内で売る。
また商人です。

もうアメリカに憧れて、行きたくて、行きたくて、やっと船を支度して、アメリカへの渡航中、嵐の中、船が難破して、溺死しています。
水が怖い理由は、ココにありました。
アメリカに強く憧れて溺死したため、次の人生は、夢が叶って、アメリカ人として生まれています。今世に生まれ変わる、一つ前の人生です。

アメリカ人に生まれ原子爆弾を研究、広島、長崎の投下に耐えられず首を吊って自殺

時は、第二次世界大戦下。

ーでは、登場します。
 だだっ広い、白い静かな研究所に、若い男性としてヒプノ・セラピ

 何を研究しているのか？
 原子爆弾です。自分の研究開発している原子爆弾が、スイッチを押すことで日本という国に投下されると、大惨事になることをビクビクしながら、仕事をしています。
 実際に、広島と長崎に原子爆弾は投下され、何十万人という死者を出し、終戦を迎えますが、精神的に耐えられず、首を吊って、自殺してしまいます。
 電化製品のスイッチ嫌いの原因は、ココでした。

 現世となる今回の人生で、私は子供の頃から、しょっちゅう、喉（首）を腫らしていました……。それだけでなく、今回の人生で、私は、日本で広島原爆記念日に、大阪府堺市で生まれています。

プロローグ

日本に対して、償いの気持ちを持って、この一つ前の前世で一緒だった研究所所長とも、一〇年前に知り合い、仲良しです。

彼は、この日本で広島の隣り、岡山で、物理学博士として、水素研究所を持ち、原子力エネルギーに変わる、次のエネルギーとなる水素エネルギー関連の研究で、見事な仕事をされています。現世の人生をかけて、魂の負債を返している。

私たちの魂は「愛」のエネルギーに成長することを目的に学んでいる

このヒプノ・セラピーの体験は、外から誰かから与えられた情報ではなく、自分の体のどこかからレコード（記録）された記憶を再生させたように感じました。

肉体のどこかにレコードされたものではないならば、宇宙のどこか

に、私たち人類共通の図書館のような記録庫があり、自分に必要なシーンのレコードを受信して、再生させながら、学び、修行をしているのかもしれません。

私たちの生命そして魂には、始まりもなく終わりもありません。この魂は「愛」と「調和」のエネルギーそのもの、混じり気のない「愛」のエネルギーに成長することを目的に、地球という舞台を使って、この地球上で、次々とキャスティングを変えながら、学んでいます。

このキャスティングが人間だけの入れ替えなのか？　犬などの動物をも含むのか？　植物までも含むのかは、今の私にはわかりません。
初めて誰かにお会いした時に「この人のことを知っている！」と強く感じることがあります。
木村秋則さんとの初対面が、まさにそんな感覚で、

プロローグ

「私、あなたと前に会っていますね」
「私も、木村さんのことを、知っていると感じていました！」
が、初めて交わした言葉でした。

人間同士だけでなく、動物とも不思議なご縁が

人間同士だけでなく、犬に対しても強い縁を感じることもあります。
今、共に生活している二匹の犬にも感じます。
一匹には、息子というか自分の赤ちゃんを持つ感覚で、愛情大爆発ですし、父が他界して間もなく飼うことになったもう一匹には、父の面影を感じます。
実に美味しそうに食事をする姿、考え事をする時に片方の目を少し上げる仕草。時々、ドキッとします。
この二匹共、来たるべく運命を持って、わが家の家族となりました。

31

肝臓ガン五年生存率の数値が、あまりにも低く、肝臓ガン発症から五年を越えた時、自分へのお祝いに犬との暮らしを選択しました。

ちょうど、沖縄でセミナー講師としてお声をかけていただきましたときに、参加者の方が、イングリッシュコッカースパニエル、ブルーローンのブリーダーさんだったのです。

この犬種と毛並みの色は、以前から〝なんて美しい！〟と憧れていました。

生まれて三カ月半で、沖縄から飛行機に乗って家族の一員となった『ぺくち』。

『ぺくち』は、木村秋則さんの『奇跡のりんごアップルペクチン』から名付けました。

幸運にも『ぺくち』は、木村秋則さんの奇跡のりんごを、離乳食として育ち、りんごが大好物です。

プロローグ

もう一匹、後で家に来た犬もやはりご縁があったのでしょう。人間同士だけでなく、動物たちとも、何か不思議な繋がりがあるように感じます。

前世が、ドングリの木と、その木に遊びに来てドングリを食べていたリスだったという仲良し二人組もいます。

二人共、木の実ナッツが大好きです。

ヒプノ・セラピー以外で、ある宮古島の神女から、私の今のウチが、エジプトのピラミッドの中の再現で、今、御縁のある方たちは、その頃の霊団だと聞きました。

当時、私は奴隷で飯炊き女。

熱海に来てから親しくなったゲイベルさんは、ツタンカーメンの妻、アンケセナーメン。グーグルでアンケセナーメンを調べて腰を抜かし

ました。ご本人と顔がソックリなのですから。

エジプト時代、奴隷だった私は、エジプトが苦手で、ニューヨークのメトロポリタン美術館のエジプトコーナーに、一歩、足を踏み入れた瞬間から、めまいと吐き気に襲われ、"ミイラって、波動、悪い……"と逃げるように退散。

一方、ゲイベルさんは、大英博物館で、エジプト室の扉の前で、胸が高鳴り、晴れやかな気分になり、旅行中に不自由だった腕の痛みまで消えてしまう……。

前世を、私たちの体は記憶しています。

私たちは「愛」と「調和」のエネルギー体になるべく道が用意されているこんなにつらつらと、私の前世話を懐かしんでいるのは、ただ自分の前世を自慢気に披露しているわけではありません。

プロローグ

私たちは、たった今、過去世それも膨大な前世の記憶と同時に、存在していることを、お伝えしたいのです。
過去だけでなく、未来もです。
木村秋則さんも、私も、守護霊はシリウス星人。地球人ではないだけではなく、過去でも現在でもなく、未来から来ています。
「未来から守護霊が来ていると、この世的には、生き難いでしょうな〜」と霊能者から、言われました。
確かに確かに、何をしても、何を考えても、何を言っても、「非常識だ」「変わってる」と言われ続けています。
過去だけでなく、私たちは未来をも抱えて生きています、今、この瞬間に。
目的は?
私たちだけでなく、この地球をも、究極の波動である「愛」と「調

35

和」で満たすため。

神様は、ご自身のミニチュアとして、私たち人間をこしらえられて、ご自身のように「愛」と「調和」のエネルギー体になるように、その一人一人に舞台を与え、キャストを与え、ストーリーを与えて、楽しまれているのでは？

一人一人が「愛」と「調和」のエネルギー体となり得た時、この地球は、「愛」と「調和」のエネルギーに満たされ、美しい波動体となり、美しく輝く星となる。

この宇宙も、「愛」と「調和」で、満たされます。

木村秋則さんは、神の志をしっかりと継がれ、りんごの樹に「愛」と「調和」のエネルギーを放つりんごを実らせる偉業を成し遂げられ

プロローグ

ました。

だから、木村秋則さんは、私たちのヒーローであり、木村秋則さんの本、そして映画に私たちは感動して涙を流すのです。

木村秋則さんだけでなく、私たち全員に自分の進むべき道のために「マイ・ストーリー」が用意されています。

「愛」と「調和」のエネルギー波動体となるべく用意された道です。

木村秋則さんは、私たちより一歩早くご自身の進むべき道を見つけられ、

「諦めては、ダメだな」
「やれば、出来るんだよ」

と、手本を示して下さっています。

自分の本質が「愛」と「調和」のエネルギー体であることに、気づくことから、この一歩は、始まります。

1

人の一生は、繰り人形のようなもの

わたし

　　　　　　　　　　　　　　　　木村秋則

　わたし、ずっと売れてる本、『奇跡のリンゴ「絶対不可能」を覆した農家、木村秋則の記録』の主人公です。NHKで放映された番組『プロフェッショナル　仕事の流儀』でとりあげられました。私だけの特集番組で、脳科学者の茂木健一郎さんとテレビに出ました。
　映画にもなったんだよ。
　友だちにさ、「まだ生きてて映画になる人って、いないんじゃないか」と言われたもんで、映画会社の東宝の人に聞いてみたら、「そうは、いないです」って言われました。
　ノーベル平和賞を受賞したマザー・テレサくらいじゃないかって、

1　人の一生は、操り人形のようなもの

言う人もあります。

あの映画は、何度も見る機会があったんですが、一度もまともに見たことはないの。見られないんです。ずっと下を向いていましたが、涙がボタボタ落ちてさ。

なんも、テレビに出たり、映画になったりしてさ、「すごいだろ」って、自慢してるわけじゃないの。

わたし、最近つくづく思うことがあるの。

「人の一生は、操り人形のようなものだな」と。

もう、どうにもあらがえない大きな力があってさ。

その大きな力が、人の一生をコントロールしているのではないかって、思うのな。

右に行け、とかさ。
左に行け、とかな。
自分で生きているつもりでいるけれども、結局は大きな力に生かされてるだけなのではないかって。
リンゴが実っていないとき、人間ってさ、ヤドカリと同じだってな。体借りてるだけで、ピノキオみたいにさ、誰かに操られている操り人形じゃないかな。そう思ったの。
リンゴが一個も実らなくてさ、失敗ばっかり繰り返していたんだ。
その時さ、糸を引いてる人が、「右に行きなさい」と言ってるのに、自分は左に行こうとしているんじゃないかなって。
ピノキオは、善意を尽くして尽くして、最後は人間になるわけです。
そのピノキオと同じで、みんな操り人形じゃないかな、と思います。
まだ、人間になれてなかったりしてな。

1 人の一生は、操り人形のようなもの

この大きな力のことをさ、「神」とか「仏」とか、人は呼ぶのな。
わたしは、「神」も「仏」も信じていないわけだけれど、このとてつもなく巨大な力の存在は信じています。
この力を「大自然」とでも、呼ぶのかな……。
わたしは「宇宙」と言う呼び方が、しっくりきます。
この巨大な「宇宙」の流れに逆らわず、この力に生かされて、宇宙の流れに沿う生き方が、人としての「使命」ではないのかなと思っています。
人それぞれに、宇宙に沿う生き方は違うと思うの。
わたしには、わたしの、あなたには、あなたの使命がある。
宇宙の流れに沿うことは宇宙時計と針が合うことにもなるんだよな。
この「大自然」を創り上げた「宇宙」の流れに沿う生き方ということこ

とだよな。

この流れに逆らうと、痛い目にあってさ、間違いに気づきなさいというシステムになっているんじゃないのかな。

「宇宙」のシステムはさ。

わたしの三五歳までの生き方は、どうも間違ってたらしいのな。

もう散々、痛い目に合いました。

わたし、リンゴ作っています。リンゴ農家です。妻が農薬に負ける体質なもんだから、無農薬でリンゴを実らせたかっただけだったのに、まあ、本当に、苦労をしました。

一〇年もリンゴ農家なのにさ、リンゴが実らないんだもんな。リンゴが実らないから食べていけないの。

1 人の一生は、操り人形のようなもの

家族七人いてさ、お金一円もないの。
一年とか二年じゃないの。一〇年もだよ。
ウソじゃないの。本当だよ。
ひどい貧乏をしました。

自分はさ、「無農薬でリンゴを実らせる」と立派な信念を持ってたんだけれどもさ、周りからは、ただの変人って見られてて、ガンコ者とかな。
友だちもいなくなってしまってさ。一人もだ。
誰とも口を聞かなくなって、何年も何年も。
これは応えたな。貧乏よりも。
人って、一人じゃ生きていけないのな。
わたし、一人で何でも出来る、って思い違いしててさ、どんどん孤

家族や仲間を大切にすることだ。
家族とか仲間って、ほんとに大事だよ。
立してしまって。

私 ————ムラキ テルミ

今から八年前、私は全治十一カ月の大ケガをしました。足首を骨折、くるぶしとかかとが割れ、腱が二本切れる……。「乗馬倶楽部での事故です」と言うのを気に入っていますが、落馬ではなく、駐車場で転倒したことが原因です。

その頃、ファッションバイヤーとしての仕事は至極順調でした。二度目の離婚が成立し、「自分で自分を養うこと!」が運命とばかり夢中で仕事をしていました。

勤務先のテレビショッピング会社の業績が大好調で、私自身、新聞や雑誌で取材されたり、『ガイアの夜明け』というテレビ番組で特集されたりしていました。

まさか、自分の映るテレビ番組を、病院の個室で足を吊りながら見るとは……。

病室にお見舞いに来て下さる方も絶えず、お花が部屋に置ききれなくて廊下にまであふれていました。

廊下には面会待ちの方の椅子が並んでいました。

このことも、とても気に入っていました。

骨折した足の腫れと痛みがひどく、手術をするまで九日間薬漬け。手術に七時間。その晩、運悪く施術したのとは逆の足に麻酔が効いてしまい、夜中に脊椎麻酔を射ち直したため、倍量の麻酔が体内に入りました。

翌日からは手足が震え、顔面神経痛となり、心療内科に回されます。また抗生物質です。

1　人の一生は、操り人形のようなもの

それに加えて、一日四回の鎮痛剤と抗炎症剤を欠かさず飲んでいたのです。

なぜかまた運悪く、手術で折れた骨を巻いて継いだワイヤーが、足首内側から皮膚へとび出てしまい、激痛！　また手術。

入院が長引くこととなり、一カ月後、勤務先では、代理の部長が就任することになりました。

その人事が発表されたとたん、誰一人、私を見舞う人がいなくなったのです。

ちやほやされていたのは、私のことが好きだったり、必要とされていたのでは全然なくて、ただ会社の売り上げが好きで、私の取り扱うお金が必要とされていただけでした。

ここで反省すべきでした。

大きな勘違いをしている自分の高慢な生き方を。

まだ凝りない私は、一日でも早く職場に復帰しようと、必死で、リハビリをしました。折れた左足首に局部麻酔を打ちながら。

なのに、くるぶしの割れが、うまくつかず、セラミックのくるぶしを入れる再々手術を受けることになったり、入院は延びる一方です。やっとワイヤーを取り出す手術を終え、リハビリ生活に入るも、慣れていないので、車椅子が暴走して壁に激突したり、松葉杖がエレベーターのドアに挟まり、なぜか腕を打撲したりと小さなケガを重ねていました。

杖をつきながら、退院するまでに、一〇カ月。その後一カ月間自宅でリハビリをして、職場に戻りたくても、私の希望する仕事は待っていてはくれませんでした。

更に人事的トラブルまで起こり、二年間の傷病休暇付きで、退職す

1 人の一生は、操り人形のようなもの

ることを決めました。

この間、次の仕事をさがすことが勤務先から許されていましたので、ライバル会社からのオファーを受け、退職後の仕事が決まりました。

ライバル会社に魂を売ったのです。

二〇年間お世話になった会社への恩を仇で返す形です。

このことを神様はお許しにならなかったようで、二年間の傷病休暇を消化した私を待っていたのは……。

余命半年の肝臓ガンだったのです。

「どうして、この私が?」と、どれだけ思ったことか。

人生の絶頂から、一気にドン底までまっ逆さまに落ちました。

誰からも相手にされず、悲劇のヒロインになり切って、哀れなもの

です。
全てを自分以外の原因にしていましたから、人生は全く好転しません。どんどん落ちぶれて行きました。
生活も心も。
私はクリスチャンですが、
「本当に神様はいるのですか」
「いるなら、なぜ助けてくれないのですか」と、
神様に文句タラタラの毎日を送っていました。
どうも〝自分で自分を養う〟ことが最優先の生き方は、間違っていたようです。

2 目の前にあった「死」

ロープを抱えて岩木山に登りました —— 木村秋則

あれはもう、三〇年も前のことになるよな。

わたしさ、リンゴが実らないもんだから、岩木山に首くくりに行ったわけです。

四つあるリンゴ畑のリンゴの木、八〇〇本が全部枯れかけててさ。リンゴの木に、害虫が実ってるみたいで、枝がしなってるんだもんな。

取っても取っても、取りきれないの、リンゴじゃないよ。虫がだよ。一本のリンゴの木にスーパーの袋四つ分も五つ分も虫がついててさ。わたしのリンゴ畑、害虫のいこいの場になってしまってたもんな。

もう無農薬栽培やめて、慣行栽培に戻るしかないってわかっていて

も、農薬買うお金もないの。
いくらリンゴの木に、
「リンゴが実らなくてもいいから、枯れないで下さい」
「頑張って、ちょうだい」
「ごめんなさいね」
って謝って歩いたって、どんどん枯れちゃうの。
無農薬栽培はじめて六年目だったかな。
「無農薬でリンゴを栽培する」
これが自分の使命だって信じてた。
でもさ、夢が破れてしまって、やれることは全部やって、もう何も出来ることもなくなってしまったの。
ロープを抱えて、岩木山に登りました。

死んで、すべてお詫びしようとな。
自分が死ねば、すべてを終わらせることが出来ると思ったんだな。
生きていてもさ、家族に迷惑かけ続けるだけだしな。
自分がいなくなったら、みんな今よりも幸せになれるに違いない。
そう思ったのな。

でもな、「死ぬ」って決めるまでは、やっぱり考えるわけだよな。
自分が死んだあと、女房子供はどうするだろう。
どんなこと言われるだろうと。
やっぱりあいつはバカだったと言われるだろう、とかな。
んだ、人間だもんな。
でもな、ロープ持って、決心した。
ちょうど、下界は、ねぶた祭りの前の晩だ。

ねぶたの太鼓の音が聞こえてくる。なんて綺麗なんだろうって。

太鼓の音、ここまで聞こえてくるのかって思った。

そして、家の方に向かって、

「今までありがとうございました」とお礼言った。

そうしたら肩の荷が下りたようになったの。

そして、見るものすべてが綺麗に見えるようになったの。実に不思議だった。

「死ぬ」と決めたらよ、苦しいこととか、全部忘れてしまうのな。生活の苦しさも、世間の批判も、何もかもな。

家族に苦労かけてることも、あの人にこう言われたとかさ、この人にこんなことされたとかさ、すごく苦痛に思っていたことが、綺麗さ

っぱり消えてしまった。
いや本当に、格好つけてるわけではなくて、どろどろした気持ちもいっぱいあったんだ。
なんだかんだ言ってもさ、死んでそこから逃げようとしているわけだからな。
死ななきゃ夢を諦められなかった、と言えば格好いいけどよ。
卑怯と言われても仕方がない。
家族や周りからしたら、本当に自分勝手な男でした。
ただ、正直に言えば、すっかり気持ちが軽くなったんだな。
思い残すことなんて、ひとつもない。

岩木山をさ、二時間くらいは登ったんでないかな。
結構、高いところまで登ったんだよ。

2 目の前にあった「死」

途中に渓流もあったな、それも越えてさ。
もうこのあたりでいいかな、と思って見回すと、ちょうどいい具合の木があってさ。
よし、ここにしよう。
と決めて、持ってきたロープを枝に投げたんだ。
これが、わたしの、目の前にあった「死」でした。

肝臓ガン余命宣告「まあ、もって半年……」 ——ムラキ テルミ

死刑を宣告されたような、ガン余命宣告を受けたあと、まず一番に思ったのは、

「死に場所をどこにする」ということでした。

肝臓だけでなく、血液中のガン腫瘍マーカーが異常値であったため、すでに全身にガンが回っており、手術をしようが、抗ガン剤を打とうが、

「まあ、もって半年……」

「まあ、もって半年……」

「まあ、もって半年……」

2 目の前にあった「死」

大学病院の担当医師から言われたこの言葉が、その後の私の、呪縛となります。
この残された半年を、どこで過ごすか。
一八〇日あまりを、どこで過ごすか。
どう過ごすか、ではなく、「どこで」でした。
私には、故郷がないので、両親がリタイヤの地に選んで暮らしていた熱海に決めました。
幸い熱海に、足のリハビリ用の温泉の出るリゾートマンションを持っていましたが、まさか、死に場所になるとは……。
東京の自宅を売り払い、借りていた仕事場と仕事を整理し、スタッフの転職先をさがし、熱海への引っ越しをすることに要した時間が、一カ月。
残された時間は、五カ月……一五〇日。

合い間をぬって大学病院六カ所で、セカンドオピニオンどころか、6thオピニオンを取って、検査を繰り返していました、

「私が、ガンだなんて、きっとウソ」

「ウソだって言ってほしい」一心でした。

残念なことに、六カ所全ての病院で、

「間違いなく、肝臓ガンである」と診断されてしまいます。

しかも進行が速く、ガン腫瘍マーカーも、血液中腫瘍マーカーも、どんどん成長し続けます。

反対に体は、どんどん痩せ細り、十一kg体重が落ちてしまい、三八kgになっていました。

皮膚の色は、どんどん濃げ茶色化して、体は、枯れ枝のようです。

仕方なく、死に支度をはじめました。

2 目の前にあった「死」

「死に支度」とは？

とにかく、取り憑かれたように、モノを捨てはじめたのです。

自分が生きていた形跡を残したくなくて。

これがまたモノが多いこと！

バイヤーという職業柄と強欲さの相乗効果で、捨てても捨てても、湧くようにモノが溢れ返っています。

東京二カ所、熱海一カ所の三カ所分のモノです……すさまじい量でした。

死ぬ時は、どんなに気に入っていても、シャネルでもエルメスでも、ハンドバッグ一つ持って、死ねないこと、還れないこと、に気づきショックでした。

この気づきが、私の「死」への覚悟を決めさせました。

私は、モノへの執着が生きる糧となっていたのです。

そのモノへの愛着を断ち切られたことで、「生きる」ことへの魅力を失ってしまいました。

この瞬間から、生きることを諦め、本気で「死」への準備をはじめたのです。

どれだけ、綺麗に死にきるか。

どうやって、この世から消えるか。

それしか、頭にはありませんでした。

モノの処分は、プロの力を借りることとしたために、要る、要らないの自分の感情をはさまず、スピードがアップしました。

家具は、ベッドと、机とイスを残して、あとは処分。

キッチンは、実家が同じマンション内なので、食客を許され、お茶を飲めるティーセットだけを残して、あとは処分。

洋服は、小さなクローゼットに入る分だけ。

くつが二足。

バッグは、二つ。

和服は、全処分。

パジャマとタオル類、ベッドリネン類だけは、一週間分を残しました。

この先、起き上がれなくなって、寝たきりになるに違いない、と思っていたのです。

手紙、名刺、手帳、写真を処分して、最後までグズグズしたのが、本でした。

本がうず高く積み上がっていました。

寝たきりになっても、本は読めるのでは？　と。

よく考えてみると、もう本を持っている力も失くなっていて、まし

て寝ながら本を持つのは無理。

読んだり、読みたかった本を、人様に見られるのって、裸を見られるより恥ずかしいかも……と、聖書と広辞苑を残し、処分しました。

ガラーンとした部屋で、発狂しそうなぐらいの不安を抱え、死に支度を整えて、「死」を待ちました。

お風呂に入り、湯船につかろうにも、腹筋がないからか、浮いてしまう体が情けなく、

「早く迎えに来てほしい」

「いつ迎えに来てくれるのですか」と、相変わらず、神様に文句タラタラです。

なぜだか、急に、

2 目の前にあった「死」

「青い畳の上で死にたい」
「畳の香りに包まれて死にたい」
と思い立ち、畳替えもしました。
ま新しい畳の上で、きちんと正座をして、青い空と海を見ていて、
「どこに還るのだろう」
と思った瞬間、雲が白く輝いて見え、「死」への恐怖が、すっと消え、「死」が待ち遠しく思えたのです。
これが、私の「死線」であったと思います。
「死」への恐怖よりも、「生」きていることの方が、ツラくて、しんどくて、早く死にたいと思いはじめました。
「生」きたいと思う気持ちが、消えてしまいました。
こんなポンコツで不自由な体は要らない、とも。

まったく思うように「生」きられなかった人生を、さっさと卒業してしまいたかった。
生まれ変われるものなら「次で頑張ります」と、本気で思いました。
「生」に執着するのではなく、
「生」を手放した時、
「道」は見えてくるのではないでしょうか。

3 宇宙の流れ

全部が必然

――木村秋則

具合の良さそうな木の枝にさ、ロープ投げたのに、そのロープがさ、手から滑って、あらぬ方向へ飛んで行ってしまったのな。
こんなよ、死ぬ間際にまでヘマをする自分。
「何やっても駄目な男なんだ」
って思いながらさ、ロープを拾いに山の斜面を降りたの。
そしたらよ……
月の光に輝く、リンゴの木があったの。
まるで魔法の木のようであったな。
山奥のこんな場所によ、なぜリンゴの木があるのだろうとな。
もう、自分が死んでしまっていて、

3 宇宙の流れ

夢か幻でも見ているのではないかと思った。
葉っぱの一枚一枚が満月に照らされて輝いているの。
なんとも美しいリンゴの木でありました。
心臓が止まってしまうかと思うぐらい驚いたのさ。
誰が、農薬をまいているのだろう？
誰も、まいてなんかいないさ。
一滴の農薬もかかっていないはずだ。
こんな山奥なんだからさ。

その木はさ、リンゴの木ではなかったの。
ドングリの木でありました。
その時のわたしには、リンゴでもドングリでもよかったの。
なぜ、農薬をまいていないのに、この木はこんなに葉をつけている

のか？
わたしの畑のリンゴの木、葉っぱ一枚もつけていないんだよ。
そのドングリの木、虫にも喰われていなくて、病気もないの。
どの葉っぱも、艶々して健康なの。
六年間、農薬に代わるものをさがし続けて、何百種類って食品とかを試し続けていたんだよ。
なのに、森の木々は、農薬なんて必要としていないんだな。
今までどうして自分が、そのことを不思議に思わなかったのだろうってな。
山には虫、たくさんいるんだよ。
だってさ、うるさいほど虫が鳴いているんだもんな。
なぜだ、なぜなんだ。

3　宇宙の流れ

その時に、気がついたの。
「土」が違うって。
ロープを拾いに走った時に、足を取られそうなぐらい沈むんだよな。
山の「土」は、ふかふかなの。
雑草だって伸び放題だ。その雑草を抜くとすっと抜ける「土」なの。
ツンと、鼻にくる菌の匂いがして。
こんな柔らかい「土」は、はじめてだった。
これだ！
この「土」を作ればいい。
私は、やっと答えを見つけました。
山の自然の姿を、自分の畑に再現すればいいんだと。

思えば、リンゴの無農薬栽培をはじめた頃、書店で、棚の高い所の

本を取ろうとして、棒でつついてたらさ、欲しかったトラクターの本の隣の本まで落ちてきたの。
床に落ちてしまって、雨でさ、本が汚れてしまったの。だから、その本も購入したのな。
福岡正信さんの書いた『自然農法』(時事通信社刊)でした。
「何もやらない、農薬も肥料も何もつかわない農業」と表紙のところに書かれてあって、表紙をめくったら、
「田を耕すこともなく、
肥料も施さず、
農薬もつかわず、
自然にできたこの一株の稲は
科学の力を否定し
人間の知恵の無明を示す

3 宇宙の流れ

稲の中にすべてがあった」
と書いてあったの。
わたしがリンゴの無農薬栽培にのめり込むきっかけとなった本でした。もう何回読んだかわからない。本がすり切れるほど読みました。
それなのに、わたし、農薬に代わるものを一生懸命さがしてさ、草をしっかり根元から刈ってたの。
わたしの畑の「土」は、カチカチでした。
自分はすべてをやり尽くした、もう何もすることはないと思っていたけれども、まるで見ていなかったんだな。
目に見える部分ばかりに気を取られて、目に見えないものを見る努力を忘れていました。
それからは、「土」のことを学びました。もう夢中でした。楽しく

ってな。

死ぬことを決めて、首をくくろうとしていたことなんて、嘘みたいに消えてしまった。

大切なことにも気づけました。

リンゴの木は、リンゴの木だけで生きてるわけではないんだな。
周りの自然の中で、生かされている生き物なわけだ。
人間もそうなんだよ。
人間はそのことを忘れてしまい、自分独りで生きてると思っている。
そうじゃないの。
人間も自然の一部でさ、自然の中で生かされているの。
このことは忘れてはならないと、思います。
書棚から落ちてきた本も、木の枝から落ちたロープも、

3 宇宙の流れ

わたしは「宇宙」からの導きであったように思えます。
だってさ、偶然ってないんだよ。
ぜんぶさ、必然なの。
起こるべくして、起こってる。全部がだ。

何かの力で

ムラキ テルミ

末期ガンの余命宣言を受け、人生最期の地、熱海への引っ越しの日。
引っ越し荷物に囲まれ、途方に暮れました。
積み上がった本を床に下ろそうと抱えたら、一冊の本が飛び出すように落ち、おデコにコツンと当たったのです。
石原結實医学博士の書かれた『食べない健康法』（東洋経済新報社刊）でした。
この本は、五年ほど前、元・姑である女性弁護士からもらいました。
クライアントのさる代議士先生の遺言状を作成したが、その二年後、末期の膵臓ガンが消えてしまい、遺言状が白紙撤回されたと聞きました。

3 宇宙の流れ

しかも「断食」で。

その代議士先生の主治医が石原結實先生だったのです。

たぶん、五年前にも読んでいるはずなのですが、さりとてこれといった病気もなかったため、健康だと思い込んでいた私には、記憶に残っていませんでした。

ページをパラパラめくると、

「断食すると、体内の細胞に、抗ガン効果をもたらす」

と書かれたページが目に飛び込みます。吸い込まれるようにその場に座り込み、一晩中何度も読み返しました。

ガンが治る……

ガンが治った……

人参リンゴジュース⁉

生姜紅茶!?

本当かしら??

でもお医者様が書かれています。

それに本をくれたのは、誰よりも信頼のおける元・義母です。

石原先生にお会いしなくちゃ。

診察していただきたい。

気がついたら、空が白みはじめていました。

翌日、石原結實先生の東京のクリニックに電話をしました。今どき、ホームページもなく、ツテを頼って半日かかって電話番号を調べたのです。

診察の予約をお願いするも、なんと、三年半待ち!

大人気のお医者様でした。

3　宇宙の流れ

　私の余命は半年……その時は既に五カ月を切っていました。

　石原結實先生の本をくれた、元・姑に五年ぶりに勇気をふり絞って電話をすることにします。

　お陰で、その日のうちに、石原結實先生ご本人と電話でお話が出来、一カ月半後に先生が経営されている伊東のサナトリウムに予約を入れさせていただきました。

　この時、世の中は金(カネ)でなく、人脈(コネ)だ……と、つくづく思いました。

　この待ちの一カ月半は、吐き気とめまいとの闘いでした。四一度の高熱も出て、大学病院に入院しました。

　この時の血中腫瘍マーカー数値は、担当医師の口から「見たことがない」ともれ出てしまうほどハイ・スコアでした。

　担当医師も看護師の方からも、「死に逝く人」として、扱われてい

るのが自分でもわかりました。

でも、なぜか、死なず、三日で高熱が下がります。この三日間、真珠色に輝く、らせん階段の幻覚を見続けます。

今思えば、あの、らせん階段が、あの世とこの世の境い目であったのかもしれません。

何かの力で〝階段を上ってはいけない〟と引き止められているかのようでした。

その力が何なのかは、今もってわかりません。

ようやく待ちに待ったサナトリウムへのチェックインの日がやって来ます。

高熱を出した後、何か憑物(つきもの)が取れたかのように、心は軽くなっていました。

3　宇宙の流れ

死にたい病が治まった感じです。

そうそう、このサナトリウム入りまでの一カ月半、石原結實先生からの電話指導で、人参リンゴジュース断食をはじめていました。

どんどん痩せ細る体でしたが、石原先生は

「食べたくなければ、食べなくていい」とおっしゃいました。

「食べるから、吐くのです」とも。

本当にその通りで、食べずに人参リンゴジュースに切り替えましたら、吐き気が治まってしまったのです。半年近く吐き続けていましたのに。

大学病院では、栄養指導の先生から、「バナナ一本でもヨーグルト一匙でも、食べるように」と言われ続けていたのです。

待望の石原結實先生の診察は、カルチャーショックでした。

大学病院では、ガン宣告の時でさえ、担当医師は、レントゲン写真

のスクリーンと血液検査表を見たまま！　私の目を見ることもありませんでした。

が、石原結實先生は、聴診器で心臓を診て、脈と血圧を測り、触診でお腹や目をチェックされ、体温も計られます。そして血液検査。大学病院からの検査資料にも丁寧に目を通され、私の診察に三〇分もの時間をかけて下さいました。

そして診断は、

「あなた、治りますよ！」

だったのです。涙がボタボタ落ちました。この一言を聞きたくて病院ジプシーをしていたのです。

もう嬉しくて嬉しくて

「先生に治していただきたいです。よろしくお願い申し上げます」

と深々と頭を下げましたら、

3 宇宙の流れ

「何、バカなことを言っているんですか、あなたの作った病気なんだから、あなたが治すのです。私には治せません」

と、大声で笑われます……。

先生で、治せない⁉

この先生で、大丈夫？

何を言われているのか、わかりませんでした。

「あなたにしか治せません。あなたが治すのです」とも。

これは衝撃の、ひと言でした。

他に〝治る〟と言って下さった医師はおらず、石原先生しか言って下さいませんでした。

この日が今日まで五年間続けている「Dr.石原メソッド」、一日一食・人参リンゴジュース断食スタートの日となりました。

神様って、無茶苦茶なことをする……と思います。

今の私にとって、主治医というだけでなく、命の大恩人である石原結實先生へつなげてくれたのが、離婚をした婚家の母、元・姑です。

一番連絡のしにくい相手が、キーパーソンとなったのです。

これを「宇宙の流れ」と言うのなら、「宇宙の流れ」には、ものすごく乗りにくいと感じます。

4 行動しないで後悔するよりも

失敗して反省した方が良い ────木村秋則

わたし、世界ではじめて、無農薬のリンゴ栽培に成功しました。

農薬の使用をやめて、八年目。

岩木山に首をくくりに行ってから、三年目のことです。

その年、わたしの畑で、七つの花が咲いて、そのうち二つが実をつけました。

小さな実だったけれども、まあ、美味しいリンゴでありました。

神棚に上げて、家族全員で食べました。

三人の娘たちにとっては、生まれてはじめてのリンゴ。

リンゴ農家に生まれたのにな。

小学校の作文でさ、「わたしのお父さん」って題で、

「わたしのお父さんは、リンゴ農家です。

でも、わたしはお父さんの作ったリンゴを食べたことがありません。

お父さんのリンゴの木には、たくさんの虫がなっています。

いつかお父さんの作ったリンゴを食べたいです」

ってな、書いていたもんな。

九年目の春には、九年ぶりのリンゴの花見が出来ました。

あの時は嬉しかった。

リンゴの木が、わたしのこと許してくれたのな。

畑にさ、お酒持って行って、リンゴの木一本一本にふるまってさ、私も飲みました。

後にも先にも、あんな気持ちのいい花見は、はじめてでありました。

リンゴの花ってさ、上向いて咲くんだよ。

桜みたいに、下に、人の方に向いて、咲かないの。

上向いて、咲くんだよな。
ちょっと威張っているのな。
その秋、ピンポン球みたいな小さなリンゴが山のように収穫出来ました。
リンゴの実を大きく育てる時にさ、花を摘むのな。
なにせ九年ぶりのリンゴの花だもんだから、摘む手が震えた。
もったいなくて、花を摘まなければ、実が大きくならないこと、わかってたんだけれども、出来なかったんだ。
翌年も、リンゴは花を咲かせて、実をつけてくれたの。この年は、摘花作業をちゃんと出来たから、実は大きく育ってくれました。
その次の年も、またその次の年も……リンゴは実ってくれるの。実にありがたいことです。

リンゴが実るようになって、わたしとリンゴとの関係が変わったと思うのな。

人間に出来ることなんて、そんなたいしたことはないんだよな。

人間はどんなに頑張ったってさ、自分で、リンゴの花一つ、咲かせること出来ないんだよ。

リンゴの木が頑張ってるの。手の先、足の先にだって、リンゴの花、咲かせられない。

畑を埋め尽くした満開の花を見て、わたし、つくづくそのことを思い知ったの。

この花を咲かせたのは、わたしではない。

リンゴの木なんだとな。

主人公は人間じゃなくて、リンゴの木なんだってことが、骨身にしみてわかったの。

それがわからなかったんだよ。
自分がリンゴを作っていると思い込んでいたの。
自分がリンゴの木を管理しているんだとな。
わたしに出来ることは、リンゴの木の手伝いでしかないんだよ。
失敗に失敗を重ねて、ようやくそのことがわかりました。
一つ失敗するたびに、一つの常識を捨てた。一〇〇も一〇〇〇もの失敗を重ねて、やっと自分の経験や知識が何の役にも立たないって、気づけたの。

行動しないで、後悔するよりもさ、失敗して反省した方が良いと思う。
一歩前に出る。
勇気を持ってさ、一歩前に出ることが、大事なことだと思います。

結果が出るまで信じて継続する —— ムラキ テルミ

末期ガンを、「あなたにしか治せない」と喝破された、石原結實先生のご指導は、実に非・常識なものでした。

さらに驚いたことは、石原先生は、ガンには原因だけではなく、目的があると言われたのです。

■ ガンの原因と目的とは

「全ての病気の原因は、一つだけ！」

「そのたった一つの原因は、血液の汚れ」であると伺い、これまた、驚きました。

風邪も腹痛も、そしてガンまでもが、原因は血液の汚れなのです。

血液の汚れていることを自覚し、血液をきれいにすることが、自己治癒力のスタートです。

■血液の汚れの原因は、二つだけ

血液の汚れが、万病の原因で、そのまた原因は、二つだけ！

一つは、「体温の低下！」

五〇年前の私たちの平均体温は三六・八℃あったのが、今では、三五℃台の平熱にまで下がっています。この平熱の下がり方と反比例するかのように、ガンの発症率が上がっています。

体温が下がることで、血液の流れが悪くなり、また、一℃の体温低下によって、免疫力が三〇％も下がります。ガンも実は、極度の血液の汚れ＝冷えの病気でしかないのだというのです。

そして、もう一つの血液を汚す原因は、「食べ過ぎ」です。一日三

食を摂る習慣になり、おやつまで食べるようになったのは、この五〇～六〇年ほど。大げさな言い方になりますが、私たち人類は、二〇〇万年もの時を、"餓え"と共に進化を遂げています。
この急激な食生活の変化に、体の変化が伴っていません。

■ガンの目的は？

西洋医学にとって「ガンの原因は不明」であるとされ、ガンと闘うかのように、切除手術や抗ガン剤治療、放射線治療が標準治療と呼ばれています。

石原先生は「人体が危急の状態に陥ったとき、東洋医学でいう『瘀血・血液の汚れ』が恒常的に続いたとき、正常細胞は血液を浄化するために、細胞が進化と逆行し退化する姿を取り、「ガンの正体」＝マクロファージ（単細胞生物）に還る」と、お考えです。

「ガンは、血液の汚れの浄化装置である！」ということなのです。ガンにも、原因だけでなく目的と働きがあり、この血液の汚れの極みの塊が、ガン腫瘍だというのです。

この血液浄化という目的を持ったガン腫瘍を切除手術することは、体内から血液浄化装置を失うこととなり、新たに、他の部位に浄化装置を作る……このことを、ガンの再発・転移と、私たちは呼んでいるのです。

「ガンにも目的と働きがある！」

石原先生のこの考え方は、ガンを怖れる気持ちを和らげてくれました。

そう、──ガンは怖くない！

■三六・五度命！

私の肝臓ガン発覚時の体温は、三四度台でした。ガン細胞の好む環境は、低体温！

三五・一度以下で体内はガンの増殖場と化します。

逆に、ガンの苦手な環境は、高体温！

三九・三度以上で体内のガン細胞は死滅します！　高熱が出るのは、ガンを焼き切る大手術をしたのと、同じ効果を得ることになる。

そして何よりのガンサバイバーにとっての福音は……三六・五度の体温がキープ出来ると、ガンは進行し難い！　のです。

再発も転移することも。

この〝三六・五度で、命！〟という目標は、私にとってガンと向き合う姿勢を一八〇度変えました。

具体的な石原先生のガン体質改善のご指導も、とてもユニークでした。

■すべての薬をやめる

まず手始めが、断薬です。

鎮痛剤、抗炎症剤、睡眠薬、抗ウツ剤、胃腸薬……大学病院から処方されている薬を、一気にやめるようにと言われるのです。

「鎮痛剤？　痛いのは生きている証拠です」

「抗炎症剤？　熱は上がっていいのです」

「睡眠薬？　眠れないなら起きていればいい」

「抗ウツ剤？　憂鬱ならいくらでも落ち込んでいればいい」

「胃腸薬？　胃が悪くなってから飲みなさい」

「肝臓ガンなのに、こんなに薬を飲んでいたら、治るわけがない」と。

その頃、私は、一日に一六錠の薬を飲んでいました。

骨折から一年半の間に、なんと一万七千錠もの薬を飲んだことにな

ります。薬だけでです。四回の骨折手術時の麻酔薬のことを考え合わすと、ぞっとします。

その大量の薬が、肝臓ガンを招いたのかもしれません。

肝臓は代謝や解毒を行う臓器ですが、あまりに大量の薬は、肝臓の処理能力を超えていたのだと思います。

■ 人参リンゴジュース断食と排泄・拝毒

サナトリウムでの、人参リンゴジュース断食をスタートして、私の体は、いろいろなものの排泄を始めました。

「吸収は排泄を疎外する」

この言葉は石原先生の「食べない健康法」の根幹となっています。食べることをやめると、私たちの体は排泄・排毒を始めるのです。聞いてはいましたが、ガン患者である腐り始めた私の体からの排毒

は、すさまじいものでした。

まずは、真っ黒なタール便、脂のかたまり、血液の膜に包まれた粒……トイレに籠った最長記録は、なんと一〇時間でした。

トイレに充満した目にしみるような猛毒で、大きな蚊が二匹死んでいるのを発見し、「私の身体はそんな猛毒を溜め込んでいたのか」と愕然としました。

その後も、身体中の毛穴からどんどん脂が出てきました。髪は一日に五回シャンプーしてもベタベタ。手の平まで脂ぎってしまい、持つもの持つものをすべり落としていました。

ケータイ、コップ、歯ブラシ、おはし……。

お風呂に入ると、虹色の油膜が浮きました。大量の目ヤニや黄色い耳ダレが出たり。さらに脳みそが溶け出したかと思うほどのクリーム色の鼻水が三日三晩出続けるなど、あらゆる排毒症状が次々と起こり

ました。

それでもまだ、体温を測ってみると、午後でも三五・一度しかありません。

「午前中に測ったら三四度台前半ですよ。あなたのガンの原因は『冷え』です」

と言われました。

最初、私は半身浴もできませんでした。体温が低すぎて、湯あたりやめまいを起こしてしまうのです。足首から始めて、次は膝まで、というふうに少しずつ慣らしていきました。

また、「あなたは全然塩が足りない」とも言われ、天然塩を袋ごと渡されました。「これを美味しいと感じるだけ、いくらでも好きなだけ食べなさい」と。

それと並行して、生姜湿布の手当も受けました。全身に生姜湿布を貼り、上からアルミホイルで覆っても、三日間、汗が出ないのです。
三日目にやっと少し汗が出だしたら、ものすごい悪臭でした。
それからどんどん汗が出るようになりました。それまでは塩が足りなかったため、体内が塩分・ミネラルのバランス量を保とうとして、汗で排泄させなかったのです。

サナトリウムに入る前には三〇〇〇近くあった腫瘍マーカーですが、十一日間のジュース断食後には、六〇を切っていました。
八月末にサナトリウムから帰ってきたのですが、九月の検査では腫瘍マーカーが一五を切ったのです。
「どんどん血液がきれいになっているんだ！」
とうれしくなりました。

4 行動しないで後悔するよりも

その後も、滞在期間を短くしながら毎月サナトリウムへ通いました。

二〇一〇年七月の検査では、腫瘍マーカーはほぼゼロとなり、レントゲン写真でもガンの輪郭がぼやけてきていました。

さらに三カ月後の検査では、以前あったガン腫瘍が、毛細血管の塊に変わっていたのです。ちょうどマリモのように見えました。

病院では「これは一体何だ!? 新しい異常だから、さらに検査しましょう」と言われたのですが、自分では体調がとても良かったので、石原先生にご相談しました。

「それはすごい！ 新しい血管を作って、細胞を再生しようとしているんですよ。完治だ！」

とのこと。

嬉しかったのですが、さすがに「完治」という言葉には「そうかなあ」と思いました。

でもそれから三カ月後には、

「毛細血管の塊は跡形もなく消えていた」のです。

「自分の力でガンを治すことが出来る！」と人体の神秘に感謝しました。

肝臓ガンが消え、石原先生から

「あなたはバカで単純でよかった。誰もリンゴや人参、生姜でガンが治るなんて信じませんよ」と言われました。

本当に自分が、結果が出るまで継続できる、バカで単純な性格で良かったと思います。

5 奇跡は起きる

自然が起こすこと ——— 木村秋則

わたしの育てたリンゴは、二年置いても腐らないもんだから、「奇跡のリンゴ」って、呼ばれるようになりました。
わたしが言い出したんじゃないの。
ちゃんとしたフランス料理店のシェフが、わたしのリンゴ二つに割って、二年経っても腐らないで枯れたみたいになってよ、甘い香りがするもんだから、そう呼んだの。
「奇跡のリンゴ」だって。
なしてだか。
なして農薬も肥料も無くて、リンゴできるんだべな。
わたしにもよくわからないのな。

きっとあまりにも、わたしがバカだから、リンゴの木が呆れて実らしてくれたのかもしれない。

リンゴが実るようになってからも、わたしのリンゴ畑では、摩訶不思議なことが起こり続けました。

岩木山に登ったあの年から、畑の草を刈ることをやめたの。もう、三〇年になるのかな、雑草を生やすようになってさ。

この三〇年の間に、草の様子がガラリッと変わったの。そうな、七回かな。

全く何もしないのにさ、どっから来たんだか、植物の生態系って、そんなにガラリッて変わるもんだろうか。

山の土を再現したくて、土中の窒素分を安定させたくて、大豆をまいたのな。畑にさ。そうしたら、どっから見つけたんだか、山鳩がわんさか集まってよ。

山鳩の楽園になったの。

大豆まいたよ、なんて、知らせないのにな。

四つの畑全部だよ。山鳩だけなのな、こんなに山鳩がいたのかって思った。大袈裟じゃないよ。本当なんです。

リンゴの花が咲いて毎年収穫できるようになって何年目だったか……。

膨大な数の蜂がやって来たんだ。

一種類じゃないの。何種類もの蜂なの。

オオスズメバチ、キイロスズメバチ、アシナガバチ、トックリバチ……どうやって、わたしのリンゴ畑のこと知ったんだか。

リンゴの木の枝や根元の地面に、巣を作ってさ、まるでリンゴの実がなるように、何十もの巣、作るのさ。一本のリンゴの木に。

5 奇跡は起きる

ちょっとした前衛芸術のようでもあったな。
けどよ、あんまり蜂が多くてさ、畑に入れなくなってしまって。
その頃は、まだ、リンゴの木につく虫を、一生懸命に取っていたの。
でもな、明らかに虫の数が減ってるのな。
なしてだか……。
試しに、蜂の巣を割ってみたの。
そうしたら、ハマキムシやシャクトリムシがぎっしりと詰まっていたの。
わたしたちに代わって、虫取りしてくれていたの、驚いたな。
蜂の大量発生はさ、三年は続いたと思う。

わたし、スズメバチに首んとこ刺されてしまってさ。首のうしろの頭に近いところだ。

なしてだか、助かったんだな。急所を刺されたのよ。急所だよ。

これも「奇跡だ」って、人は言います。

相変わらず、畑には虫はいるのだけれども、虫からの被害は、目に見えて減っていきました。

虫だけでなくてさ、台風の被害も受けなくなったのな。リンゴの木が土の中に深く深く根を張っているからだと思う。木が倒れなくなったの。

二〇〇〇年に入ったくらいからか、あれだけ大量に発生したハマキムシが、どういうわけか、まったく姿を見せなくなったのな。

ここ数年は、虫取り作業から解放されました。

虫の被害がなくなっただけでなくてさ、リンゴの木が病気でやられ

ることも、なくなったの。
病気はあるんだよ。葉っぱを見るとポツポツとな。でも広がらないの。木にも畑にも。
リンゴの木がよ、葉っぱに付いた病気をさ、その部分だけ、枯らしてしまうの。
ポロって穴開けて落としてしまう。
その穴の開いた分だけさ、新しく葉っぱを出すんだよ。同じ面積分だ。なんと葉っぱを失った分を、補っているのな。
知れば知るほど、自然というものは、なんとすごいものだと思う。

結局さ、肥料というものは、それが化学肥料であれ、有機肥料であれ、リンゴの木に余分な栄養を与えて、害虫と病気を呼んでいたのな。肥料を与えれば、リンゴの実は簡単に大きくなる。けどもな、リン

ゴの木がなまけてしまって、虫にも病気にも負けてしまうのな。運動もロクにしないのに、食べ物ばかり与えられる子供みたいなもんだ。現代の子供に免疫系の疾患、増えてるでしょう。子供だけじゃないよ。

自然からすれば、当たり前のことを、わたしたちは「奇跡」って言ってるだけじゃないのかな。

あまりにもよ、自然から遠い生き方になってしまったからな。「奇跡」って、神や仏が起こすのではなくて、「自然」が起こすものだと思う。

結果を信じて、バカになってよ、結果が出るまでやり続ける。難しくないの。

続けることが、難しいだけ。

みんな、途中であきらめてしまうのな。

一つのことに「奇人」って呼ばれるほど、夢中になって、バカになれたらさ、
「奇跡」は起こります。
「奇跡を起こす人」になれます。

自然に起こること ───── ムラキ テルミ

石原結實先生には初診の時に「肝臓が悪くなる前、腎臓が悪かったでしょ」と言い当てられてしまいました。腎臓の機能が低下すると、その働きを肩代わりするために、肝臓に負担がかかるのだそうです。腎臓の病気で利尿剤を使っていたことも、肝臓には負担だったと思います。

まず、二五年来の花粉症の症状が吹き出してきました。顔が真っ赤に腫れ上がり、真っ平らになったのです。

毎年、花粉症の季節の前には必ず抗生物質を飲んで症状を抑えていたので、一気に排毒をはじめたのかもしれません。

帯状疱疹も次々と四カ所に出てきました。

5 奇跡は起きる

石原先生によると、帯状疱疹も腎虚、つまり身体に余分にたまった水毒が原因とのことでした。

大量の鎮痛剤で麻痺していた神経を蘇らせる働きもあるそうです。

帯状疱疹は痛いなんてものじゃありません！

皮膚の表面が少しでも何かに触れると激痛が走るので、皮膚を石膏みたいに固めるお薬だけもらい、痛みに耐えました。

帯状疱疹はたった一〇日間で全部消えましたが、その後、肩こりや腰痛がはじめて出てきました。

「痛いのは、神経をブロックしていたものが取れ、元に戻ってきたからです」と言われました。それまで鎮痛剤がまだ残っていたのですね。

そして、おしっこの色がどんどん変わっていきました。

白、黄緑、赤、茶色……。でも石原先生には「血液検査で異常もな

く、体温が三六度を切っていないから大丈夫」と言われました。
生姜紅茶みたいな錆びた茶色のおしっこが続き、背中の鈍痛は局部的な痛みに変わっていきました。やがて右下に降りてきた痛さはハンパではなく、まるで身体の中をとんがったフォークで刺されているような感じでした。
トイレに駆け込みましたが、冷や汗がダラダラ流れ、どんどん身体が冷たくなってきます。「このままトイレでパンツを下したまま死んでいくんだ……」と切ない気持ちでした。救急車を呼ぼうにも動けないんです。
このトイレで冷たくなって〝死〟の恐怖と向き合ったことは、ある意味で夢が叶っています。
ガンの進行中〝生きる〟ことはとっくに諦めていましたが、最期まで自分の力でトイレに行きたい！　他人様の手をお借りすることなく

5 奇跡は起きる

……と強く願っていたからです。

突然、「身体の中で、何か外れた」という感じがしました。

すごい量の血尿が出て、冷や汗が少しずつ止まってきました。

やがて何とか膝をつきながらトイレから出ることが出来ました。まるで一晩中トイレにいたように思えたのですが、たった一五分くらいの出来事でした。

あとから見ると、トイレの中にスプーン三杯分くらいの白っぽい砂がたまっていました。

翌日、石原先生にお聞きすると、「腎臓ですよ」と。どうやら腎臓にあった結石が星砂状になって出てきたようです。

それが一昨年の十一月のことです。ガンは十三カ月で治ったのですが、腎臓は三年かかりました。

この時以来、痛みも全部消えて、別の人の体のように元気になりま

した。

体温もずっと三六・五度のままです。

この五年間、食事は昼か夜に一食です。ガン患者は一日一食でいいと石原先生に言われました。

「食べ過ぎはガン細胞を養っているだけ」なのだそうです。一日一食、集中して食べると、二三時間断食状態になりますから。

マクロビオティックは卒業してしまいました。ごはんは玄米ですし、野菜中心の食生活ですが、魚も食べます。牛・豚は食べませんが、鴨やチキンはいただきます。卵（有精卵）もチーズも食べます。

石原先生は「有精卵以外の卵は生命を生む力がないし、単なるコレステロールの塊だから」とおっしゃっています。

今の食生活は、何のストレスもありません。たとえば昼間に「シュ

ークリームが食べたいな」と思ったら、食べるのを我慢する必要はありません。晩ご飯のデザートまで延ばすだけでいいんです。

だからとても幸せです。食べたいものを食べられなかったマクロビオティック時代があります。肉・魚・卵・乳製品にお砂糖を食べない生活の十七年間は苦行そのものでした。

食べられないストレスを量でカバーしていたんですね。マクロビで良いというお菓子やスナックをたくさん食べていました。

朝、お一〇時、ランチ、お三時、夕食、夜食……。明らかに食べ過ぎでした。

朝ごはんをジュースに替えて、お昼ごはんの量を半分にするだけで、一・五食になります。

夜は今まで通り食べ、私は下戸ですが、晩酌もいいのです。難しく

ないし、続けられます。

一日三食を一日一・五食にすると、腹五分目ということになります。腹五分目にすると、今かかっている病気の半分は消え、一日一食にすると、九五％の病気が治ると言われています。

私の肝臓ガン治療体験は、この九五％の高い治癒率の一例でしかありません。

体は治りたがっています。体の声に従い、自己治癒力が発揮できる体内環境を整えるだけで、体内神秘の力が働き、次々と「奇跡」を起こします。

体内神秘と言えば、私たちの体内の臓器は宇宙の星のように、体内では真空状態で浮かんでいるのだそうです。

心臓も、肺も、胃も腸も、肝臓も……。

これらは筋肉や骨や血管で、ぶら下がっているわけではなく、浮か

んでいる！
体内の環境が乱れると、臓器が落ちてくる。内臓下垂の状態になる。
体内環境を整えるエレメントは、高波動＝高体温です。
誰もが家庭で簡単に計れる体温で、体内エネルギーを計ることが出来るのです。
簡単過ぎて、気が抜けてしまいます。
真実って、シンプルです。

6

次元が移動する

生命が息を吹き返す

――木村秋則

わたし、リンゴが実るようになってから、全国に農業指導に歩くようになりました。

無農薬・無肥料・無除草剤でさ、畑に雑草生やして、土を山の自然の状態に近づける農業を、「自然栽培」と呼んでな。普及活動をしています。

日本国内だけなく、海外からも声がかかって、出かけるようになりました。

自然栽培と取り組んでいる畑や田んぼで、これまた摩訶不思議なことが次々と起こっています。

田んぼに、どじょうやメダカが大量発生したりな。虫もいっぱいだ。

放流したりしてないのにだよ。鳥だって、飛んで来る。

鴨や雁や……去年は、石川県の羽咋市の田んぼに、朱鷺が帰って来ました。実に四三年ぶりのことです。

朱鷺がいなくなったのは、田んぼにさ、朱鷺のエサがいなくなったからだったのな。

それだけではないの。

三年前からは、岡山県・倉敷の田んぼでな、レンゲが群生したの。突然だ。それもただのレンゲではなくて、背丈が一m二〇cmもあるのよ。

種なんか、まいてないよ。鳥が種を落としたにしては、大量大発生だ。

レンゲが生えるようになった翌年は、蜜蜂を放してみたのさ。

そしたらよ、通常の五倍もの蜂蜜が取れたのよ。
その蜂蜜には、考えられないぐらいの微生物や菌がいてさ……。食べたらどうなるか怖くて、販売出来ないって、田んぼのオーナーが言ってました。
食べる勇気のある人に配ってるみたいだ。これがおいしいんです」。

こんな話、いくらでもあるのな。

わたし、このような現象は、「次元移動」だと思っています。
レンゲの育ちやすい次元に、田んぼが移動したの。場所がではなくて、次元がな。

朱鷺が帰ってくる次元もあってさ。だから朱鷺が帰って来た。
農薬なんかをまいていると、「土」の生命エネルギーが死んでしまうのな。

6 次元が移動する

殺虫剤じゃなくて、殺生剤なわけよ。自然栽培に切り替えると、生命が息を吹き返すの。きっと、「土」や植物だけでなくて、「次元」もな。

「次元」ってさ、何次元、何次元って、切れているのではなくて、切れ間なくずっと続いているのだと思います。

「次元」なんて言うと難しく聞こえるけど、「環境」のことでしょう。同じ三次元でもな。レベルが違う三次元が存在しているんだな。

わたしたちが、住みやすい「環境」が、今、「不自然」に行き過ぎている。

その行き過ぎた「不自然」をさ、「自然」に戻すことを、人任せにしないで、自分の手ではじめてみる。

何も大層なことをしよう、って話でなくて、例えば、殺虫剤を使わない、でもいいと思う。

だってよ、虫がいなくなったら、わたしたち生きていけないんだよ。虫をエサにしている鳥がいなくなるでしょう……。次々といなくなる。蜜蜂がいなくなったら、わたしたち、四年も生きられないってさ、アインシュタインが言っています。
わたしたち人間だって、この地球の自然の一部なんだからさ。
自然から離れて、生きてはいけないの。
人間がさ、この地球で一番の寄生物なんだからさ。
自然に対して、もっと謙虚にならなくてはな。

「ゼロ」の状態が幸せの極致 —— ムラキ テルミ

私がガンになった原因は、大量の抗生物質であったかもしれません。

が、もう一つ、絶対的な原因となりましたのは、「怒り」です。

もうカンカンに怒ることが、次々と重なりました。

誰かに対して、会社に対して、自分の足や体に対して、そして自分自身、自分の人生にも。

この「怒り」が、ガン発病の大きな引き金になったことは間違いありません。

しかも「怒り」を貯める臓器と言われる肝臓のガンです。

このどうにも扱いきれない「怒り」も、「あなた、もうすぐ死にますよ」と言われると、どうでもよくなりました。

仕事の上で裁判を起こす準備をしていた書類や過去のスケジュール帳、名刺など、火にかけて燃やすことにしました。

小さな焚火のつもりが、火柱が立つようにゴウゴウ燃え、怖くなってお塩で消火しました。

それと同時に、生きていることがツラくて、手に取った聖書の開くページページに不思議なことに〝許せ許せ〟と出てきます。

怒りと裁きは神の仕事であり、神に委ねよと。

死に逝く支度のつもりの焚火でしたが、「怒り」を抱えて死んでも仕様がない……と諦めの気持ちで、〝全て許す〟と自分に宣言しました。

この瞬間、硬く閉じていた心の扉とでもいうのでしょうか、ふわーっと開く、ような、「緩(ゆる)む」のを体感したのです。

「許す」と心が「緩む」のです。

なんて心地がいい‼

それだけでなく、「怒り」の対象であった人や出来事を思い出しても、腹が立たない。気にも障らない。

「過去」にさかのぼってもです。

「今」の怒りだけでなく「過去」の「怒り」も消えてしまう。

不思議でなりません。

これって簡単！

なーんだ、という思いです。

この日以来、「怒り」を感じることが起こっても、「許す許す」と、呪文のように唱えることが習慣となり、私の人生から「怒り」が消えました。

私たちは「二元性」の中で暮らしています。

片方に揺れると、必ずもう片方に同じだけ揺れるシステムです。振り幅を取り戻そうとするように、運動には終わりがないのです。

「怒り」が大きければ大きいほど、「許す」パワーも強大なものを求められます。

私の場合「怒り」の代償が「ガン」と「余命宣告」でした。あまりにも大きな代償です。

二元性のシステムは、「憎しみ」を覚えれば、「愛」を学ばされ、「悪」に対して、「善」を。

「争」えば、「平和」を求め、「疑い」と「信頼」は、お対(ツィ)。

「絶望」すれば、「希望」に救われ、

「光」を求めれば、必ず「闇」がセットで付いてくる。

「暗闇」がないと「光」は存在出来ないからです。

「プラス」には「マイナス」が、「ポジティブ」には「ネガティブ」が、お伴で付いてきてしまうのです。

「良い」と判断すれば、「悪い」ものが生まれてしまう。自分が判断した「良い」を、他人にも同意を求め、自分の信念を守らなくてはならなくなる。

そうやって、自分で自分をどんどん縛っていってしまうことになります。

では、この呪縛から、どうやって逃れればよいのか。途方に暮れてしまいます。

「喜び」が大きければ、大きな「悲しみ」が控えている。

「ポジティブ」を求めれば、求めるほど、「ネガティブ」なことが起こる。

振り幅が大きければ大きいほど、人生の落差も大きく、クタクタになってしまいます。

「神が与え給う、悲しみ苦しみも喜んで受け取る」なんて、美しい言葉に付いてなんていけない。

悲しいことや苦しいことは出来るだけ避けたい。

この振り幅を小さくすればいい。

ならば、「喜び」や「嬉しい」ことにも、執着せず、フラットな心でいる。

コツは至って簡単、至極シンプルでした。

「プラス」でも「マイナス」でもない。

「ポジティブ」でも「ネガティブ」でもない。

「ゼロ」の状態が、「幸せ」の至極でした。

6 次元が移動する

「ゼロ」とは、「零」＝「霊」を表し、
「ゼロ」は「空」を表します。
「空」は「宇宙エネルギー」を表します。
「光」や「愛」も、うんと振り幅の小さな、細やかな波動です。
宇宙は、エネルギーが共鳴したものを受け取れるシステムになっています。
感情の起伏や、心の状態が、「ゼロ」に近ければ近いほど、宇宙の流れに乗れるのです。
宇宙の流れに乗る、キーワードは「ゼロ」です。

7 「過去」も「現在」も「未来」も同時に存在している

波長が合うと見える ――― 木村秋則

わたし、これまでに二度、死後の世界を訪れたのではないかと思う体験をしています。

二歳の時、風邪をこじらせて肺炎になって「もういつ死ぬかわからない」と父が医者に告げられた、その晩、まさに「地獄絵図」と同じ世界にいたのです。

どうも地獄へ行ってたのな。

親に先だって死んだ子どもは、地獄へ落ちるって言われてたしな。

鬼がよ、巨大な桶ん中さ、大勢の人を押し込んで、谷底に落とすのな。

針の山もあったな。

7 「過去」も「現在」も「未来」も同時に存在している

毛むくじゃらの鬼の脛毛に必死にしがみついてな。
この時は、父が薬草の根っていうか芋をさ、すりおろして足の裏と胸に塗ってくれたおかげで、一命を取り留めました。

大人になってから、もう一度死後の世界をさまよったのな。
インフルエンザから高熱を出してな、寒くて震えながら電気毛布にくるまっていたときのこと。

いつの間にか意識を失ってな。
気がついたら、大きなシャボン玉の中に包まれてたの。
自分の体から、浮かび上がってさ、三mくらい上から、自分の体を見てるのさ。

三mは、浮いていたな。天井あったのにな。天井、どうしたんだろうな。

シャボン玉はさ、ふわふわ上昇してさ、いつか砂浜のような所に立たされていたの。
とても歩きづらかったのを覚えています。
ここは真っ暗な世界、光のない真っ暗な空間でありました。
六つの門をくぐってさ、案内人が出てきて、「生まれ変わる人たち」の列があったりな……。
またシャボン玉に乗って帰ってきたんだけれどもな。
横たわる自分の体にさ、すっと重なるような気がしたら、この世での意識を取り戻したの。

インフルエンザで、意識が体を離れた時、自分の亡骸を見下ろしながら、それが自分自身と認識できなかった体験から、体は、ヤドカリのようなものではないかと考えるようになりました。

7 「過去」も「現在」も「未来」も同時に存在している

本当の自分はよ、「魂」とか「霊」とか呼び方は様々だけれども、本当の自分は体の中にいて、「木村秋則」という体をただ借りている状態なのではないか。

そう思っているのです。

わたしの体験した死後の世界は、それまで耳にしていた臨死体験の話と、まったくかけ離れたものだったのな。

で、わたし思ったの。

死後の世界も、いくつもあるのではないかってな。

わたしが体験しただけでさ、二つあるんだものな。

どの死後の世界が正しくて、どれが間違ってる、なんて話じゃなくてさ。

死後の世界が、「今」なのか「未来」なのかよくわからないけども、存在していることは、確かだ。

141

わたし、行って来たんだからさ。

この世もあの世も、同時に存在してるの。

これは空間に当るのか、時間に当るのか、上手く表現出来ないけどさ、「時空」って言うのかな。「次元」かな。

「過去」も「現在」も「未来」もさ、同時に存在してると思うのな。

だってさ、「過去」とか「未来」とか、見て来れる人いるでしょう。

霊能者とか、超能力者とか呼ばれてな。

見て来れるってことはよ、存在してるんだよな。

わたしさ、恐竜だってな、今も生きている地球が存在するのではないかと思ってるの。

七千年前とかに、地球が変わったんだ。きっと。

別の次元の地球でな。その世界の地球があってさ、恐竜もちゃんと

7　「過去」も「現在」も「未来」も同時に存在している

生きてるはずだって。
だからもしかしたら、人間は人間として生きていても、今住んでいる地球がさ、別なものとして生きていくことにしたら、わたしたち、地球に住めなくなるかもしれないな。
波長が変わってしまって、次元が変わってしまったら、見えない世界に移ってしまうもんな。
波長が合わないと、見えないのな。
波長が合うと見えるの。
レンゲとか、どじょうとかもさ、田んぼの波長が変わったもんだから、レンゲとの波長が合って、突然群生したんだな。
でもよ、今、どう考えても、今の地球は、見えなくなる……消えてしまう方に、向かっているとしか思えないもんな。どんどん自然から

143

遠ざかってしまって、不自然が当たり前になってしまって。
地球がさ、消えてしまったら、わたしたち困るでしょう。
そんなことにならないためにもさ、人間はもっと、この地球を、かけがえのない地球を、その頂点に立ってる人間が守っていかなくてはならない、と思う。
そうでなければ、何のための脳みそかわからない。
破壊するための脳みそなのか。
あるいは、更に進化させながら、この世界を保護していくための脳みそなのか。
わたしは、この地球を保護していくための脳力に使っていきたいと思っています。
だってよ、自分のことって、自分でしか変えられないもんな。

「時間」は未来から流れてる —— ムラキ テルミ

余命宣告を受け、死が迫り来る生活を体験して、一つの大きな気づきがありました。「時間」は、「過去」から「今」へ、積み重なるものだと思い込んでいたのですが、「未来」である死後が、どんどん近づいてくる体験をしたのです。

「未来」が近づいてくる。

「未来」が「現在」「今」に向かって流れている。

もう一歩踏み込んでみると、「過去」も「未来」も、「今」同時に存在しているのです。

今この瞬間に。

時間は、今この瞬間以外の時間は存在しません。

たった「今」が、すぐに「過去」になって、「未来」がどんどん「今」になっている。

人が止まっている気になっても、周囲が前から後ろに、スゴいスピードで流れていると、後ろから前に動いている気がします。

新幹線に乗っていたり、飛行機に乗っている時の感覚です。

私たちが、ここに座っているだけでも、地球は、秒速四〇kmで自転しています。

秒速です。

一秒間に、東京から横浜まで移動しているのです。

時間が「未来」から「現在」に向かって流れていることに気づけると、人生に革命が起こります。

「未来」の自分を設定するだけで、勝手に近づいて来る。

そうすると、

7 「過去」も「現在」も「未来」も同時に存在している

「自分がどうありたいか」を、いい加減に出来ません。猛烈なスピードで、「未来」が近づいてくる。ぼんやりしていると、あっと言う間に流されてしまいます。

「過去」を悔んでクヨクヨしたり、「未来」を憂いてオロオロする必要はありません。

この「今」という瞬間に私たちが行う選択によって、近づいて来る「未来」が変わるのです。

「未来」だけでなく、「過去」も書き換えることが可能です。

「怒り」を今この瞬間に手離すと、「過去」の「怒り」は消し去られてしまいます。

「悲しみ」も「恐れ」も、「不安」も、手離せると、「過去」からだけでなく「未来」からも消去されます。

信じ難いことですが、事実であり、真実です。
現在の瞬間は、私たちが自分の現実を創造することの出来る唯一の時間なのです。

8 自然って美しい

「不自然」に気づいたら自然に戻す ――木村秋則

「自然」って、当たり前に存在していると思っていたけれど、ちっとも当たり前じゃなかったのな。貴重になってしまってさ。

だってよ、わたしの育てたリンゴがさ、「奇跡のリンゴ」って呼ばれるんだよ。

農薬とか、肥料とか、除草剤、使わないで、実ったリンゴのことをさ。

わたしさ、リンゴの木が実をつけるのを、手伝ってるだけなのな。自然の力が、リンゴの実を育ててるの。

わたしのリンゴが「奇跡のリンゴ」って、呼ばれてるうちは、まだ

まだだ。

「奇跡」でなくてさ、みんなが食べられるようにならねばな。

「自然」って美しいんだよ。

わたしの育てたトマト、左右対称に実るんだよ。三mぐらいもの丈になってな。

それは見事なもんだ。

海だって、空だって、水だって、土だって、太陽だってさ、自然が惜しみなく用意してくれているものを、次々と壊してしまったのは、人間だ。

今、行き過ぎた「不自然」に気づいて、自分たちの手で「自然」に戻す必要に迫られています。おかしい！　と気づいたら、行動しないとな。

地球の状態と、わたしたち人間の体の状態ってお互いに引かれ合っているの。

地球の海と陸の比率と、人間の体の水分と固体の割合って同じなんだわ。

地球の温暖化が進んでさ、氷河が溶け続けてしまったらよ、海の割合が増えてしまうでしょう。

わたしたちの体もさ、ぶよぶよになって、とんでもないことになるんではないかな。

わたしたち、生きていけないんじゃないか、と思います。

「地球」って、「土」の「球」って言うんだよ。

まずは、「土」を自然に還さないとな。

なにも悲観的になることは、ないと思うの。

8 自然って美しい

わたしのリンゴ畑のリンゴの木、みんな枯れかかっていたのが、今、元気だよ。
虫も病気も寄せつけなくなってさ。
リンゴの木だって、こんなに頑張れるの。
まして「地球」だ。
今だって、地球は相当頑張ってると思うのな。
そのことに感謝しなくては、いけないと思います。
それにさ、不自然に気づいたら、行動しないとな。
何か、行動を起こさないとな。

「土」に還る

ムラキ テルミ

　神話で神さまが「土」をこねて、人間を作るシーンがあります。へんてこな話だと思っていましたが、真実です。
　私たちが口に入れる食物は、全て「土」から作られています。
　植物はもちろんのこと、お肉だって、牛乳だって、その動物は、草食動物です。草は「土」のエネルギーです。
　「水」も元は「土」のエネルギーです。
　山に積もった葉っぱが、「土」となり、雨でその「土」のエッセンスが泉となり、地下水となり、川へと流れる。
　「海」も「塩」も、「土」のエッセンスです。
　「土」のエッセンスである「水」が、気の遠くなる程の時間をかけて、

濃縮したのが「海水」、その濃縮したものが「塩」です。

「海」という漢字は、"人にとって母なる水"を表し、「塩」は、"人の口に入って血となる土"を表します。

私たちは、「土」のエッセンスを食べ、生命を育んでいます。

「土」は、「＋」プラス＋「－」マイナス＝「ゼロ」をも表します。

「ゼロ」エネルギーなのです。

私たちの体のエネルギーが、プラスやマイナスに過剰にふれると、病気になりますが、「土」に触れることで、過剰なエネルギーを放電し、「アース」して「ゼロ」エネルギーを取り戻すことが出来ます。

二〇年ほど前になりますが、アメリカのアリゾナで、四〇日間の体質改善プログラムに参加したことがあります。

アンドリュー・ワイル博士のプログラムです。二〇人あまりの参加

者のうち、あるガンの女性が、プログラムスタート三日目に、周囲が鼻をつまむほどの体臭を放っていました。

ワイル博士は、彼女に砂浴を勧めました。夜が明ける頃の砂漠に穴を掘って埋まるのです。

ものの見事に、一時間で悪臭は、消え去りました。

私たちは、「土」から多大な恩恵を得ています。また肉体の生命の尽きる時、土葬にしろ火葬にしろ、「土」へ還ります。

私たちは、もっと「土」に触れるべきです。

最近は、日光に当たらない人も増えています。

日の当たらないビルの中で、日中を過ごして、仕事をして。

私たちも植物を見習って、土のエネルギーと、水のエネルギーと、

8 自然って美しい

お陽様のエネルギーで、生かされていることに気づくべきです。「土」と「水」と「太陽」に生かされていると感謝出来れば、おのずと、行動は変わると思います。

9 一番大切なものは、目に見えない

「心」が自分の体を動かしている ── 木村秋則

この地球上から、戦争を無くそうと思うと、まず、宗教の壁を取っぱらわないと。
まず無理だけれどもな。
うちの「神様」が一番。
いや、うちの「仏様」が一番。
こうしているうちは、戦争は絶えないと思います。
青森県の新郷村戸来に、キリストが住んでいた、と言われ続けている場所や、キリストの本当のお墓があるのを知っていますか。
それだけでなくて、モーゼと釈迦が会ったと伝えられている村もあるの。

9 一番大切なものは、目に見えない

 歴史上の年代も合わないし、宗教の世界も引っくり返ってしまう話だけれども、伝承されているのは事実です。
 なんもわたし、宗教の世界に、土足で踏みつけるようなことを言いたいのではなくて、宗教なんて、そんなもんだ、と言いたいだけです。
 わたしさ、たった一つのリンゴも収獲できずに苦しんでいた時にさ、人から言われて、千日のお参りすれば良いと聞いて、毎日欠かさず神仏に手を合わせていた時期があったの。三年以上もだ。
 けれども、いくら神頼みをしても、一個のリンゴも実を結ぶことはなかったのな。
 それ以来、二度と神仏に手を合わせることはなく、初詣にも一切行くことはしていません。
「苦しい時の神頼み」という言葉がありますが、それが間違っていたと感じたのです。

何億人もの人間が念じる願い事の全てに応えることは、いくら神仏といえども無理ではないかとな。

願望を神仏には託すまい。

けれども結果だけは報告すると、そう決めました。

誰だって簡単に「神様」になれるんだよ。

鏡あるでしょう。

鏡に映った自分の姿よく見てさ。

鏡「かがみ」に映った自分から、「が」を取ったら、「かみ」でしょう。

「自分が」「自分が」「自分が」の生き方をやめてさ、「我」を取ったらな、簡単に「かみ」「神様」になれるのな。

みんな「私」のことで、すごく忙しいの。

いつもいつも。

9　一番大切なものは、目に見えない

「わたしが」「わたしが」ってな。
「わたし」のことを、ちょっと置いておいて、「あなたに」を優先させてみたら、今までの生き方が、引っくり返ってしまって、自分で驚くことが起こると思います。

科学では、目に見えないものは無いものとして扱うでしょう。
けれどもさ、本当に大事なものは、目に見えないと思うのな。
心って、機械みたいにさ、分解できないでしょう。
心を形にして出すことはできない。
心を見せることもできないよな。
心って計れないでしょう。
〝○○さんのこと大好きです〟って思っても、どれくらい大好きか計れない。

目に見えないもの、計れないものが、一番大切なんじゃないのかな。
言葉のいらない世界だってあるんだよ。
テレパシーで心が通じるの。

テレパシーと言えばな、びっくりする話がある。
インドの良家の子息が、夏休みに、特別な宗教上の教育を受けるそうだ。
バラモンだったかな。
そのクラスの中で、一番難しいのが、「無言の行」で、四〇日間、一言もしゃべってはならないのな。
一言でもしゃべったら、落第だ。
落第して、落第して、三度目の夏に四〇日間の無言の行を合格した生徒と、一番偉い先生との食事会があったんだそうだ。

9　一番大切なものは、目に見えない

その年は、合格した生徒が三人だった。

何百人もの中の三人な。

その食事会は実に素晴らしくて、皆、大いに食べ、語り明かすんだ。

人生について、家族について、国について、宗教についてもな。

盛り上がって、笑ってな。心の底から楽しんでさ。

ところがよ、この食事の間、誰一人として、言葉を使っていないの。

一言もだよ。

この地球上でもさ、言葉を使わないで、テレパシーでコミュニケーションをとることの出来る人が、いるってことだよな。

心って行動にして表すことはできるよな。

それはさ、心が、自分の体を動かしているからなんだ。

わたしの体、動かしてるの、心なんだよな。

165

形を持つものは、すべて形を失うの。
ぜんぶだよ。
一番大切なものは、なくなることないのな。
一番大切なものは、目に見えないの。

「不確かであることが常」と受け入れる —— ムラキ テルミ

すべてのはじまりは「ゼロ」から。

無限の広がりのスタートも「ゼロ」から。

陰陽で言う「中庸」。

プラスとマイナスのグッドバランスが「ゼロ」。

「ゼロ」ほどパワフルな状態はない!

そう気づいて以来、感情をニュートラルな状態に保つべく自分を見張っていました。

まあ、どれだけ、日々、批判し、裁き、疑い、執着し、思い込んでいることか。

我ながら呆れ果てました。

この小さな習慣が、人生は不確実であることを教えてくれました。

六カ所の大病院の医師から「もって半年の命」と言われました。半年で死ぬことは確実……と思い、諦めながら五年の月日が過ぎ、生きています。

常にこうあるべきだ、とか、こうでなくてはならないと、確証と確実性を求め、自分で自分の心を縛りつけていたのです。

不確実性は、無限の可能性を秘めていました。

確実を求めることで安心感を得られると思っていました。

確実性を求めると、思いもかけないことが起こる可能性が妨げられてしまいます。

決して、絶対的な安心感を得ることもありません。

なぜなら、たいがい思う通りにはならないから、がっかり失望ばか

9　一番大切なものは、目に見えない

りを重ねてしまうのです。
不確かであることが常と、受け入れ、不確かな世界に足を踏み込むと、宇宙の流れに乗れて、私の人生に最善の結果がもたらされるようになれました。

もしかしたら、確実なことってないかも！　の気づきが人生を軽やかにしてくれました。
最善の結果⁉　どれだけ幸せなんだ、と思われてしまいますね。
どんな結果であれ、最善である、と思えるようになれたのです。
すべての執着を手放すと、心の自由が手に入ります。
時間にも追われず、空間にも何にも縛られない。
今いる、この場所が、今いるべくしている場所だと思えるようになれたのです。

狭いだ、古いだ、あれがイヤだ、これが気に入らない、とぶつぶつ文句ばかり言っていたのに、です。
「こんなはずじゃなかった」
まさかという坂を連続で滑り落ちていたのに。

今、いるべき場所に、自分がいて。
今、共にいるべき人と、共にいて。
今、起こるべきことが、起こっている。
それが自分が描いたり、望んでいたこととは違ってもです。
自分にとって、良き宇宙の計らいであると信じ切って。
良いとか悪い、最善や最悪、最強・最弱という二極を超えた世界に足を突っ込むことが出来るようです。

9　一番大切なものは、目に見えない

日々、怖れることは山ほどあります。
ガンで余命宣告を受け、自分の死が刻々と迫り来る恐怖は、怖くて怖くて、発狂しそうでした。
この恐怖と比べると、日常の怖れは、本当にささやかなものでしかなくなりました。
「怒り」と「恐怖」が日常生活から取り除かれただけでも、起伏の激しかった人生は、穏やかで静かになりました。
私は、「神」も、「宇宙」も、「愛」も、究極の癒す力を持つほぼ同義語であると考えて、暮らしています。
「神」も、「宇宙」も、「愛」も、形はなく、触れることも出来ません。
不確かなものかもしれない。
でも、何をも圧倒する力を持ち、存在していることは確かです。
自分が、確信出来たり確実性を感じる世界なんて、実にちっぽけで

す。

不確実な世界の方が、圧倒的に大きい、と感じます。
不確実性は、無限の可能性につながっているのです。
不確実性であることが、制限のない無限の世界へのゲートでした。

10 人間だって自然の一部

心が変われば地球が変わる────木村秋則

大豆を植えたら、いちばん最初に出るのは、芽じゃなくて、根なの。
土の中でさ、根を張ってから、芽が出るのな。
地球という「土」の「球」から栄養もらって、大豆は育つのです。
大豆だけじゃないよ。
肥料をまいてしまうと、根が深く張らなくて、浅いのな。
化学肥料も有機肥料も一緒、根が浅いの。このことを「根を上げる」と言うんだそうだ。
「根性」が張れていないのな。
植物は、地球から、自然から、栄養もらってるの。
人間もだ。

人間だって、自然の産物なんだよな。

地球からの恩恵に感謝して生きねばな。

病気だってさ、自然の一部なんだ。

自然との不調和が病気を生むんだよな。

リンゴの木さ、病気しながら、元気になったもんな。

自然と調和できるようになったからだ。

人間だって、同じだよ。

人間だって自然の一部なんだからさ。

あれが食べたい、これが欲しいとな、病気作ってるの。

自然は、わたしたち人間を養う力を持っているけれど、強欲な人間を養う力はないとな、ガンジーも言っているしな。

わたしもその通りだと思います。

だってよ、湖にボール落としてごらん。欲しい欲しいって、こっちに来いって、水かいても、ボールどんどん遠くへ行っちゃうでしょう？
逆にさ、あっち行けって押したら、向こうからやって来るもんな。
そろそろさ、欲張ることやめて、いろんなもの握りしめていた手を開いてさ、心も開いてさ。
心が変われば地球が変わるの。
あなたの心が変われば、地球が変わるんだよ。
わたしたち人間だってさ、地球に根張って生きてるんだもんな。見えないけれどもな。

「一日一食」断食は体も地球も救う道 —— ムラキ テルミ

私たちは、三八億年前、たった一つの生命体から始まって、三〇〇〇万種に拡がっています。地球は第一元素である水素の塊だったのです。

三〇〇万種に結合し、三〇〇万種全てに同じ遺伝子が組み込まれているのです。

私たちは、全て、つながっています。

全ての生命です。人間だけでなく、地球上の生命体全てです。

私たち人間は、男は二三種、女は二四種の遺伝子が七〇兆分の一の組み合わせの中から選ばれて生まれてきた生命の七〇兆分の一です。

一億円の宝くじが一〇〇回連続で当たる確率です。

私たちは、お母さんのお腹の中で、一〇カ月間に、三八億年の進化の過程をたどります。

一日に一二〇〇年以上の進化を遂げているのです。

私たちは、肉体が一二〇歳を越えると、全員、血液型が血液の原型である「O」型になります。

「オー型」「ゼロ型」です。

私たちは、宇宙から生まれ、宇宙に還るのです。

もう半世紀も前の話になりますが、小学生の頃、犬の散歩の途中に中国人のおじいさんと知り合いました。

毎朝、太極拳をされていて、「ご一緒にどうぞ」と言われ、習うのではなく、真似をする形で、続けていました。

八年も続けますと目を閉じていても、その老人の動きと流れがわかり、同じ「気」の流れに身を任せる心地良さを体験していたのです。
「一度、型だけでなく理論も学んでは？」とお誘いを受け、スタジオに招かれました。
　腰を抜かすほど驚いたのは、その老人が、楊式太極拳の大家、楊明治先生だったのです。
　毎週スタジオへ通うことを楽しみに過ごしていた、あるレッスンを終えて帰宅した晩……、スーッと、部屋の空気が真空状態になりました。空間が真っ暗闇になり、音も光もない世界です。
　もっと驚いたことには、私の体がシルエットのまま「宇宙」になっていたのです！
　暗闇に浮かぶ、無数の星です。
　体の中に手を入れると、スーッと手も入る。皮膚を通過してです

……。

自分の体のシルエット状に、宇宙が見えた時、ズボッと皮膚を通して、手が入るだけでなく、そのまま、手から体全体が、宇宙側に引き込まれそうでした。

富士山の忍野八海の湧水を見た時と同じです。

美し過ぎるものには、引き込まれる。

手だけでなく、肩、頭……足……と体全体が、手袋を引っくり返すように、クルッと入れてしまいそうです。

私の体は、宇宙への入口になっています。

この入口から、一歩踏み込んだら、どうなるのだろう？

宇宙遊泳が出来るのだろうか？

息は出来るのか？

帰って来られるのか？

もう静けさをはるかに越える静謐の中で、至福の時が、止まっていました。

その時、母の、「ご飯が出来たわよ」の声で現実に引き戻されました。

いつもの私の部屋に。

この感動を、楊明治先生に報告しますと、

「その状態が、大極と言います」と、当たり前のように説明して下さいました。

「陰陽中庸の状態、すなわち大極。大極とは『宇宙』である」と。

もう一度、この体験をしたくて、熱心に太極拳を学び、スタジオにも通いましたが、同じ体験は出来ていません。

この日以来、私たちの体は「宇宙」を抱えていることを理解し、私

たちの体内で、臓器が宇宙の星のように浮かんでいることも、理解します。

だって体験してしまったのですから。

この体験は、特別に私に起こったことではありません。

私たち全員の体が、宇宙とつながっています。

でなければ、内臓器官が体内で、星のように浮かんでいることは出来ません。

今、宇宙の波とのズレを起こして、内臓が落ちている、下垂している人が多くいます。

私も胃をはじめ、下垂していました。

「断食」で空腹でいる、消化器官をはじめ「空」の状態は、宇宙エネルギーと同じ波動で共鳴し合います。

「一日一食」断食五年目にして、おヘソの下まで下垂していた胃も含め、全ての臓器が正常位置に収まりました。いい感じで浮かんでいます。

宇宙エネルギーとつながる近道は、「断食」です。

宇宙のエネルギー、宇宙の波に乗る、宇宙の波でサーフィンするには、空腹でいることだと実感しています。

今の日本の、車や家電製品に囲まれ、運動量も少ない暮らしでは「一日一食」で十分です。

私たちが、「一日一食」断食を実践することは、私たちの体を病気から救うだけでなく、この地球をも救う道へと続きます。

私たちは、自分たちが食べるために、この地球を滅茶苦茶に環境破壊し続けて来ました。莫大な量の食品を調達すべく、田畑は化学合成薬品で汚染され、牛の牧場を作るために森林は伐採され、食品は腐ら

ないように美味しく美しく感じるように化学薬品漬けです。
土が汚染され、河川が汚染され、海まで汚染され続けています。
今まで私たちが食べていた量が、1/3になったなら……西から太陽が昇るかもしれません。
天地が引っくり返ると思います。
今の日本の食物自給率は三九％。
この先進国で圧倒的に低い数字が、一気に一〇〇％超えになります。
日々の暮らしで食べることに追われることもなく、一日の一食を大切にし、感謝してゆっくりと味わい、美味しくいただけます。
一食の質を上げようと自然になります。

今の私の食卓は、極力、自然栽培の食材や調味料で作った料理が並びます。

料理をする三〇分、そして食事をする一時間が、一日でも大切な時間で、心から楽しんでいます。

「一日一食」断食の快適さを、理解していただくのは難しいかと思います。

私も、末期ガンにならなければ、習慣になることは決してありませんでした。

強制することは出来ませんが、今なら、自らが「食べないこと」を選択することが、出来ます。

が、このまま、日本が年間一兆円もの食品廃棄を続けるなら、きっと、食べたくても、食べることが出来ない時代が来ます。そう遠くない将来にです。

食べ物を捨てることを、日本の神様も、宇宙も決して許しはしないと思うのです。

今ならまだ間に合います。

「一日一食」が難しければ、一日一・五食、もしくは、一日二食でもいいと思います。

「食べない選択」をされることを強くお勧めします。

使命感を持って、挑戦していただきたいと、願っております。

11 地球の掃除

わたしたちには今すぐにできることがある――木村秋則

わたしたちの星、この地球も、呼吸しているんだよ。本当だ。
ちゃんと、アメリカのNASAが、成層圏の膜の音を拾っています。ボワーァンボワーァンと、ゆったりした、とても心の落ちつく音です。
これが、地球のリズム、宇宙のリズムだと思います。
地球が息を吐くと、地上では、波が寄せて、地球が息を吸うと、波が引くのではないかな。
地球の呼吸の音と、波の音のリズムは、近いと思う。音も波動だしな。
「土」だって、呼吸してるんだよ。

11 地球の掃除

だってよ、山の「土」をさ、ビンに詰めて、フタをするでしょう。ビンに水滴つくもんな。

息してるんだよな。たくさんの微生物がさ。

わたしの畑の「土」一握りの中に、地球の人口よりもたくさんの微生物が生きています。一〇〇〇億もだよ。

たった一握りにだ。

なら、地球って「土」の塊なんだから、どんだけ多くの微生物がいるんだろうなと考えたの。

この地球上のすべての細菌の重さを合わせると、全人類の体重の合計の二〇〇〇倍を越えるのだそうです。

驚いたな。

しかも、その微生物の大半は、「土」の中にいるのな。

想像もつかない量だけれども、とにかく、とてつもない数の生き物が、「土」の中に生きていることは間違いない。
特殊な電子顕微鏡でな、微生物を覗いたことがあるのな。
いや本当にびっくりしました。
ひとつひとつの生き物は、一ミリの何百万分の一、何千分の一というサイズなわけだけれどもな。
その微生物の世界にも、食うモノと食われるモノの世界が繰り広げられるんだ。
この「土」の中の小さな生き物にとっても、「土」はまさしく自分たちの生きる世界であり、宇宙でもあるのな。

「土」だけではないの。
「海」もだ。

わたしたちが、肥料・農薬・除草剤をまくと、まず、「土」にしみこんで地下水が汚れます。そして、地下水が汚れると、川が汚れます。川が汚れるということは、川の水にバクテリアが足りなくなるということなの。

かつては、たくさん住んでいたバクテリアたちが足りなくなっていてな。

さらに汚れは進んで、川はやがて海へと流れます。

すると海の汚染も進むわけです。海水汚染は、産業廃棄物、船の事故によるオイルの流出、工場・家庭からの排水、農薬などの化学物質などが原因でさ。

たとえば、水洗トイレひとつをとっても、川や海の汚染源になっています。

汲取りトイレは昔、臭かった。現在では水洗トイレだから臭くなく

なった。汲取りトイレのときは、もっときれいに掃除しようという気持ちが湧いたけれど、水洗トイレで汚物が流れてしまうと、汚いものは人間の目からは見えないところへと、一瞬で去って行ってしまうもんな。

トイレ流すたんび、海を汚してるとは、思わないもんな。

それこそが、川や海の汚染を招く大きな問題となっているの。海水汚染がひどくなれば、植物プランクトンの大発生や赤潮などが起こって、海水中の酸素が減ってしまい、サカナをはじめとする生き物にダメージを与えているの。

だから、川を汚さない、海を汚さないためにはどうするかを考えなければいけないと思うのな。

海が汚染されると、バクテリアたちは、どんどんきれいにしようと

がんばります。

そうなるとバクテリアたちは、いくらでも呼吸熱を大量に出すの。呼吸熱が大量に出るから、海水温が上がってしまうのな。年々上昇を続けている海水温については、このバクテリアの呼吸熱もまた原因であることにもっと注目しなければと思います。これは注意深く見ていかねばな。

この状況は、たとえば、一〇人乗りと決められているエレベーターに、二〇人乗っているようなものでさ、定員オーバーしたらどうなるか。エレベーターは動くことができなくて、また、内部は息苦しいほどの暑さになるはずだ。

それが現在の海の状況なの。

土地が冷え性になってしまい、海は高温化しています。

それに加えてよ、地球の南北の極点の氷河がどんどん溶け出してい

るでしょう。
冷たい氷水は、海底を流れるんだよな。
地球も、冷えないように冷えないように一生懸命に頑張っていると思うの。
地球は今、冷え性になってるの。
海の呼吸熱が高いために、低気圧が巨大化しているんだよ。
「海」の呼吸が原因なの。
この状況は、ますます悪化すると思う。
一〇〇メートル級の巨大台風が、次々と押し寄せることになるかもしれないな。
気候の急激な変動に対して、手をこまねいているわけにいかないでしょう。

なにか対策を、今すぐにでも、講じなければならない。たとえ少しずつであっても、わたしたちには、今すぐにできることがあるんだからな。
このままでは、まずいことになるよな。

ガンが消える体内の神秘力 ── ムラキ テルミ

「ぜんぶのガンが、消えました!」と、この春、悦びに満ちたお電話をいただきました。

その女性は四〇代、二年前に子宮ガンと診断され、子宮全摘手術。抗ガン剤治療を終えてホルモン療法中に、一年前、腹膜に無数のガン転移が見つかりました。その時から石原メソッド実践者になりました。朝の人参リンゴジュースは、大家族との朝食があり、実行が難しく、ランチも夕食も軽めにすることに努めておられました。

そんな彼女にぴったりだったのが白隠禅師の「気海丹田呼吸法」をルーツにもつ、椎名由紀先生の「禅呼吸法」だったのです。

白隠禅師は江戸時代・徳川五代将軍綱吉の貞享二年（一六八五年）

11　地球の掃除

生まれ。三歳まで足の不具で、立てず、歩けず。

一五歳で出家、二四歳で小悟、三四歳で白隠と称し、四二歳で大悟し、大自在力を得ます。

二六歳の時、極度の神経衰弱と肺結核に悩まされます。幸運にも、京都・白河の山奥で隠棲する白幽仙人から、養生と征病の秘訣を教えられ、真剣に実行して、この難病を克服します。

この養生法が、「内観の秘法」であり、「気海丹田呼吸法」でありました。

白隠禅師は、禅宗の中興の祖であり、日本における「神経病」と「結核」治癒の始祖でもあります。

ご自分を生命の力で治したばかりでなく、多くの重病人を救われ、今なお三〇〇年以上もの時を経て語りつがれています。

具体的な「気海丹田呼吸法」は、床の上に天井をむいて、静かに横たわります。

目は軽く閉じ、両手両足を適度に開き、その力を抜きます。

首・肩・背骨・腰・脚や骨々の力もすっかり抜いてしまいます。

口も少し開き、肛門や生殖器の筋肉もゆるめ、内臓の力もゆったりとして、

肉体のどこにも力が凝らぬように蒲団にすべてを打ち任せ、死せる肉塊のごとく、ぐったりと埋もれてしまうのです。

そうして次に、両手両脚を長くのばし、強くふみ揃えて力を腰から下に入れ、

静かに軽く呼吸をします。

落ちつきはじめましたら、やや深くゆっくりと息をし、息を吸いこんでしまったら、かすかに息を止めます。

11　地球の掃除

　止めてから静かに吐き出します。

　吐き出す要領は、吸いこんで、かすかに止めた息を下腹の方へ落とし入れるような感じで、細くゆっくりと吐きだすようにするのです。

　そうすると、下腹に力が満たされた感じを受けます。

　この下腹（気海丹田）に保たれた力をそのままに軽く保つようにして再び、鼻孔から空気を静かに吸い、気海丹田にしだいに力を満たしていきます。

　静かに静かに、肩の力を抜いて、お腹がへこんでいき、邪気を払うイメージで呼吸しますと、体内を血液が循環します。

　息は、吸う時ではなく、吐く時に、体がゆるみ、血液が流れます。

　吐くことが大切なのです。

　息を吐き切る。

　私たちは、成人男子でさえも両肺の容量二リットル中、三〇％の肺

でしか呼吸していません。

体だけでなく、心も落ちついてきます。

心を心で制することは難しく、心を息で制することは可能です。

「心は心をもって制せられず、息をもって制すべし」

丹田呼吸法の大家、藤田霊斉が言っておられます。

そう言えば「息」とは、自分の心と書きます。

自律神経をコントロールするスイッチの役目を果たしているのが「呼吸」です。

深い呼吸は、自律神経を活性化します。

自律神経レベルこそ、生命力の高さを表します。

「気海丹田呼吸法」は腹式呼吸です。お腹が出たり、引っ込んだり。

このお腹の動きが、内臓のマッサージの働きもします。

己れの本命、
使命を悟れ、
体は頑強に、
心は静かになる。

この「気海丹田呼吸法」を毎朝毎晩一〇分間実践したことで、無数のガンが消えてしまった事実に、体内の神秘力を強く感じます。

12
あなたの使命は

誰かのために「命」を「使」う ―― 木村秋則

わたしたちさ、自分の力で生きてる、って考えていたら、大間違いでさ。

巨大な宇宙に生かされているんだ、って言ったって、ピンと来ないよな。

「わたしの『使命』は、何ですか？」って聞かれたら、生かされているものに感謝することだと答えています。

自分で自分の「使命」がわかんなくて、人に聞くんだもんな。

ならばよ、まずは、目に見える「地球」のために、あなたの「命」を「使」ってみたらどうだろう？

「地球」のために……が、ピンと来なかったら、家族のためにあなた

12 あなたの使命は

誰かのために、「命」を「使」ってみたらいい。
「命」を「使」うって言っても、大袈裟なことじゃなくてさ。
あなたの「命」は、あなたの「時間」なわけだから、
あなたの「時間」の使い方を改めてみては、どうだろう？
あまり「自分が」「自分が」って、生き方は、見苦しいと思います。
わたしは常々、「自分に恥じない、生き方をしたい」と考えています。

わたしの「使命」？

「使命」は、一つではないと思うのな。
大層な「使命」を探さねばと構えないでさ、一つ一つ小さなこ

とにも、きちんと向き合って、「命」を使っていきたいと思います。
「無農薬で、リンゴ作れますよ」とか、
「行き過ぎた不自然を、自然に戻しましょう」
とかな、伝えて歩く……。
わたしの「使命」は、伝道師のようなもんだな。

自分が存在しているだけでいい────ムラキ テルミ

末期ガンから生還したことで、本を書いたり、講演依頼を受けるようになりました。

「ガンは自分で治せる」ことを、一人でも多くの方へ伝え、主治医の石原結實先生におつなぎすることが、

「私の使命」

であると、信じていました。

次々とガン患者の方とお会いしていたのですが、ガンが消えるどころか、悪化したり、亡くなる方が続くのです。

私が熱く語れば語るほど、相手は冷めていく……。

「私の使命」だと燃えれば燃えるほど、どんどん自分の体調が悪くな

とうとう動けなくなってしまいました。
病気の人の気を受けてしまうのだろうか。
まだ私は、ガンが完治していないのだろうかと、情けない時を過ごしました。

そんな折に、木村秋則さんから、
「わたしの友だちがさ、もうダメだ！　っていうガンだったのな。
わたし、友だちにさ、ガンだって、あなたが死んでしまったら、生きていけないんだからよ、共に仲良く生きたら？　って言ったのな。
そしたらよ、友だちはさ、毎日、ガンによ、
『今日も生かしてくれてありがとう』
『今日も仲良く共に生きて行きましょう』と、話しかけたんだそうだ。

そしたら、どんどん元気になってよ、今も生きてるよ。三年は経ってるな。ガンだって、まだそのままあるんだよ」
と伺いました。

ガンを怖れず、感謝する。
ガンと仲良く、共存する。

「ガン、消えなくたっていいじゃないの。病気だってさ、自然の一部なんだから
病気も自然の一部！」

この考え方は、カルチャーショックでした。
以来、肩の荷が外れ、また病気さえも自然の一部であるなら、私たちも自然の一部……病気も、私たちの健康に対する表現力の一つでし

かない、と怖れる気持ちが和らぎ、消えてしまいました。

私に、ガンに対する怖れが消えていますので、お目にかかるガン患者の方との間にも、緊張感が無くなりました。

私たちは、源が一つ、何億年もの年を経て、分離しているだけ。元は一つです。今もつながっています。

人間、動物、植物、昆虫、岩や土、たぶん「月」や「太陽」とも。

すべてがつながっている！ 一つだ‼ この気づきは、

「私は、あなたに代わって、『ガン』患者を体験しました」
「あなたは、私に代わって『お医者さん』を体験している」
「あなたは、私に代わって、『お母さん』を、体験して、子育てをしている」
「私は、あなたに代わって、『娘』を体験している」

12　あなたの使命は

この考え方が、私の人生を一変させました。

人との境が低くなり距離も縮んだのに、相手に敬意をはらえるようになったのです。

思いやりを持って、接することが出来る。

それまでは、人から喜ばれようとやっきになり、生命拾いをしたのだからと、神様のご機嫌まで取っていたかのような生き方でした。

誰かに好かれたり、愛されるためには、それ相応の努力が必要だと、思い込んでいたのです。

うっとうしいほど、お節介も焼いていました。

元・夫や亡き父の口癖は〝お構いなく〟でした。

周囲との距離感は縮まらず、自分はヘトヘトに疲れ果てる……。

好かれる、愛される、に値する人間にならねばと、空回りし続けて

いました。
これは、寓話だったのです。
真実は、至ってシンプルです。
「自分が存在しているだけでいい」
飾らず、媚びず、諂（へつら）わず、そのままの自分でいい。
自分が存在していることが、宇宙から許されている。
そのままで十分に、大宇宙から愛されているのでした。

おわりに

――お互いに優しくないとな

「『岩木山の龍を背負ってますね』と、よく言われます。高校生の時には、学校の帰りにさ、自転車に乗ってたら、周りの風景が、ピタッて止まってしまったの。歩いている人もさ、歩いている犬も、片足上げたままでな。あれ？ と思ったらさ、目の前の松林の中から、巨大なワニの親分みたいなのが、突然現れたの」

「龍ですか？」

「そうなのな。龍なんだわ。道幅いっぱいの顔で、恐ろしげな顔でな。長いヒゲが、グニョグニョ動いてさ、もう自分は、完璧に思考停止

になったな。

周りを見るとさ、止まったまんまなのな。時間が止まってしまっていたようだった。

細っこい松の木に止まってさ、そのまま空に向かって一直線に昇って行ったのな。

龍が消えてしまったらさ、周りの人も歩き出してたな。

多分だよ、わたしたちの感じている時間と、そうでない時間があるんだな。

その中間地点の世界ではさ、龍が空を飛んでいるのではないかな。

当たり前のようにな」

「私も、龍を一度見ています。二〇代の時に。富士山登山の下山途中でした。

おわりに

一〇人位のパーティーの中、私だけ一人遅れてしまい、転びそうになりながら下山中のことです。

周囲から、音が消えてしまい、耳が富士山の高度でおかしくなったのかな？　と座って休んでいたら……。

入道雲だと思っていたのが、真っ白な真珠色に輝く龍でした。

周囲は、音が消えただけでなく、下山中の人の動きも止まっていました。

確かに、時間が止まっていたとしか考えられません。

白龍が、ググッと身をよじって、天に向かって、一直線に昇り消えると、今までのように、音のある世界、動きのある世界に戻りました」

「ムラキさんは、白い龍だったのな。

わたしは、濃い緑色の龍だった。
俳優の杉良太郎さんいるでしょう。
杉さんも龍を見てるんだそうだ。
龍の話をしたくて、わたしが会いに行きました。
杉さんがよ、会った龍も白かったそうだ。一〇代の時のことでよ。
杉さんは龍から
『この世の中に奉仕する人になれ』
と言われた気がしたそうだ。
だからさ、杉さん、俳優してさ、ボランティアもしている。
個人でさ、三〇億円以上ものボランティアだよ。
なかなか出来ることじゃないよな。
杉さんは龍から言われたことを続けているスゴイ人です。本人はひと言も自慢しないけれど。

「木村さんも龍から、メッセージを受けられたのですか?」
「人に言ってはならないと、龍に口止めされた気がするのな。だから、あんまり人に言ってない。誤解もされるしな。
『地球を修復しなさい。お前は、この地球を修復するために生きろ』
とな、言われたと思う」
「木村さんは、まさにまさに『地球を修復する人』になられています!」
「そうかな……自分ではわからないけどもな、ムラキさんも何か言われたでしょう?

「言われたって言うより、頭の中にスタンプを押されたような感じでしょうか?」

「龍からさ」

「そんだ、んだ、頭の中にさ、ポンッと入ってくる感じだな」

「ならば……メッセージ、受けています」

「なんて言われたの」

『少しは、人の役に立て』」

「『少しは、人の役に立て』ってか? こりゃ、最高だなー」

「でも、具体的に、どうやって人の役に立てばいいのか、それこそ、この本のコンセプト『私の使命は?』とか、考え込んでしまいます」

「そんなさ、難しく考えなくて、いいんでないのかな。生きることって、難しいことじゃないもんな。もっと気楽によ。

218

おわりに

「毎日、笑って暮らせればな、それで十分だと思うな」
『笑って暮らせればいい!』

これならば、私も自分の「使命」を果たせそうです。
木村さんから、大切なことをたくさん気づかせていただいています。

人に優しく接すること。
思いやりを持って行動すること。
人に聞かず、自分で決めること。
自分の決めたことは、自分で責任を持つこと。
諦めないこと。
一歩前に出ること。
いつも笑っていること。

木村さんの高らかな笑い声が、この地球の未来を変えていく様を、この数年間、見せていただいています。

昨年は、とうとうご自身の半生が映画となり、多くの方に感動を与えておられます。

私のちょっとずつ〝惜しい〟人生を、

「そのまんまでいいんだよ」

と認めて下さいました。

『そのまんまでいい！』

私は、この言葉が、地球を救うキーワードになると思います。

みんな淋しい。

みんな優しくされたい。

おわりに

みんな認められたい。
みんな愛されたい、のです。

人に優しく、
人を認め、
人を愛する。

地球に優しく、
地球からの恩恵を認め、
地球を愛する。

そして、
自分に優しく、

自分を認め、自分を愛する。

このことが、いかに大切であるか、教えていただきました。

「なんも、なんもさ。
この地球に生きるもの、ぜんぶつながってるのな。
『土』ん中の小っちゃな虫もさ、魚も鳥もさ、植物も、動物も、もちろん人間もだ‼
ぜんぶ、つながって支え合って『ひとつ』なんだからよ。
お互いに、優しく、ないとな。まずもって、地球にもだよ。

おわりに

地球に優しくすること、しないとな。
なんも難しいことではないの。
自分に優しくできたらよ、人にも優しくなれる、そしたら
この地球にも優しくできてよ。
地球を救うことが出来ると思うのな。
人に優しくされたかったら、まず人に優しくする。
自分が優しくされたかったら、自分で優しくする。
地球に優しく包んでほしかったら、まず地球に優しくする」

「木村さんの言われる、湖に浮かべたボールに"こっち来い"って水かいても、ボールはどんどん遠くへ行っちゃう。あっち行けって押していたら向こうからやってくる！　ですね」

「欲しい欲しい、こっち来いって気持ちを手放して、そういう気持ち

を小さくすることも大事だしな。
何かな、人に喜ばれること、地球が喜んでくれることを見つけてさ、行動してみてはどうだろう。
『使命』はさ、命の使い方、何も大袈裟なことではなくてさ、あなたの時間の使い方なんだからよ」

少しの時間の使い方が変わるだけで、
あなたの人生も変わって、
この地球も変わると、私たちは信じています。

参考文献

『奇跡のリンゴ』石川拓治著　幻冬舎文庫
『土の学校』木村秋則&石川拓治著　幻冬舎
『すべては宇宙の采配』木村秋則著　東邦出版
『奇跡のりんごスープ物語』山﨑隆著　講談社
『農業ルネッサンス』2014年夏号　東邦出版
『沈黙の春』レイチェル・カーソン著　新潮文庫
『白隠禅師・健康法と逸話』直木公彦著　日本教文社
『喜びから人生を生きる！』アニータ・ムアジャーニ著　ナチュラルスピリット

地球に生きる私たちにできること

著 者 ムラキテルミ／木村秋則
発行者 真船美保子
発行所 KKロングセラーズ
東京都新宿区高田馬場2-1-2 〒169-0075
電話 (03) 3204-5161(代) 振替 00120-7-145737
http://www.kklong.co.jp

印 刷 (株)暁印刷 製 本 (株)難波製本
落丁・乱丁はお取り替えいたします。※定価と発行日はカバーに表示してあります。
ISBN978-4-8454-0973-0 C0295 Printed In Japan 2016